U1009964

本書係「敦煌文獻系統性保護整理出版工程」項目成果

二〇二一—二〇三五年國家古籍工作規劃重點出版項目

「十四五」國家重點出版物出版規劃項目

國家古籍整理出版專項經費資助項目

中國國家圖書館藏
敦煌文獻

中國國家圖書館 編

第四一册

BD00588～BD00607

國家圖書館出版社

DUNHUANG MANUSCRIPTS IN THE NATIONAL LIBRARY OF CHINA

041

BD00588 ~ BD00607

compiled by the

National Library of China

National Library of China Publishing House

顧問　方廣錩　郝春文　榮新江　李際寧

編纂出版　張志清　魏崇　陳紅彦　殷夢霞　薩仁高娃
謝冬榮　劉波　林世田　廖生訓

編纂　林世田　薩仁高娃　常蕙心　于瑞　劉毅超
劉波　劉炳梅　周升川　劉婷　程佳羽
沈艷麗　高雅

編輯　潘竹　程魯潔　黄鑫　苗文葉

審稿　孫彦　宋志英　鄧咏秋

CONSULTANTS

FANG Guangchang | HAO Chunwen | RONG Xinjiang | LI Jining

EDITORIAL BOARD

ZHANG Zhiqing | WEI Chong | CHEN Hongyan
YIN Mengxia | Saren Gaowa | XIE Dongrong
LIU Bo | LIN Shitian | LIAO Shengxun

EDITORIAL TEAM

LIN Shitian | Saren Gaowa | CHANG Jinxin | YU Rui
LIU Yichao | LIU Bo | LIU Bingmei | ZHOU Shengchuan
LIU Ting | CHENG Jiayu | SHEN Yanli | GAO Ya

EDITORS

PAN Zhu | CHENG Lujie | HUANG Xin | MIAO Wenye

REVIEWERS

SUN Yan | SONG Zhiying | DENG Yongqiu

凡例

一　本書刊布中國國家圖書館藏敦煌文獻，以館藏編號爲序編排。

二　館藏編號采用「BD+流水號」格式，如 BD00001, BD16579 等。背面在編號後加 v 表示。一個編號包含多件文獻者，編號後分别綴以字母 A, B, C 等。一件文獻含有多個内容者，以數字 -1, -2, -3 等標明順序。

三　圖版有縮印或放大處另加説明，尺寸超出本書幅面的以摺葉形式呈現。

四　卷軸裝、梵夾裝、經摺裝等裝幀形制的敦煌文獻，各附外觀圖像。

五　每件文獻依次呈現外觀、正面、背面等。背面僅刊布有文字、圖像或其他要素的圖版，而略去素紙部分，背面圖版同樣以從右到左順序編排。凡有外題者，遵從以上原則。

六　除個别特殊情况外，爲保證閲讀連貫、流暢，圖版儘量通欄呈現。

七　各葉上方附該件文獻全圖，以高亮形式顯示本葉大圖在全卷中的位置。部分長卷文獻全圖衹能分多段呈現時，在上段末以❮符標示下段接續。卷尾内容不足一葉時，文獻全圖使用該圖卷尾部分，亦以❮符標示。背面圖版文字與正面文字方向相反時，文獻全圖按原貌顯示，正文翻轉呈現，以便閲讀研究，用↻符標示。

八　文獻題名大體沿用中國國家圖書館此前所編多部敦煌文獻目録的考證，部分吸收學界最新研究成果略作調整和完善。文獻題名綜合參考原卷首題、尾題、外題確定，如原卷題名與該文獻正式名稱不同，則采用正式名稱；無題名者，或比定題名，或擬定新名。非漢文文獻在題名前標注語種。有分卷不同等其他情况者，括注於文獻名稱後。

九　本書著録使用通行繁體字，涉及原文中的人名、地名等，必要時保留原字形。

About this publication

1. The documents are presented in shelfmark order.
2. The shelfmarks are in the form BD plus a running number, eg. BD00001, BD16579, &c. If a given shelfmark contains multiple documents, these are distinguished by the letters A, B, C, &c. If a document has multiple contents, they are distinguished by the numbering 1, 2, 3, &c. The verso side of an item is indicated by the letter v.
3. If it has been necessary to reduce or enlarge the size of an illustration, the dimensions are indicated. If the size of an illustration exceeds the size of the book, a folding sheet is used.
4. If the document is a scroll, a folded sutra, or has a stitched binding, a picture of the whole object is provided to show its external appearance.
5. The cover, front, and back of each document are reproduced in sequence. The back of a document is only reproduced if it contains text, illustrations, or other markings, and it is oriented from right to left. If it is blank it is not reproduced.
6. Except in a few special cases, the lines of text are reproduced unbroken to make them coherent and easier to read.
7. An illustration of the complete document is reproduced at the top of each page, and the section where the main illustration appears is highlighted in order to indicate its position. If it has only been possible to reproduce a long scroll in sections, the direction symbol has been used to indicate where one illustration ends and the next one begins. If the end of the scroll occupies less than one page, the direction symbol is used to indicate its position in the illustration of the complete document. If the text on the back of the document has a different orientation from the text on the front, it is reproduced as it is, but is also rotated (indicated with the rotation symbol) so that it can be read easily.
8. The titles of the documents generally conform with those already established by the Library, but in some cases have been amended by drawing on the most recent scholarly research. The titles are derived firstly from the beginning of the text, then from the end of the text, and lastly from the cover. If the title of a document differs from its authoritative form, the authoritative form is used; and if a document has no title, one is either supplied by comparison with similar documents, or a new one is devised. If the document is not in Chinese, its language is indicated before the title. If the number of juan is different from that of the authoritative version, or if there are other irregularities, this is noted.
9. The documents in the book are in traditional Chinese characters. Where the title contains personal or place names, the original characters used for these names are retained.

(Translated by David Helliwell)

第四一册目録

BD00588-1　無量壽宗要經（甲本）

BD00588-2　無量壽宗要經（甲本）

233.5cm×31.5cm

南謨薄伽勃底 阿波唎蜜多 阿喻紇硯娜 須毗你悉指陀 囉佐耶 怛他羯他耶 怛姪他唵 薩婆桑悉
波唎輸底 達磨底 伽伽娜 莎訶其特伽底 薩婆毗輸底 摩訶娜耶 波唎婆唎莎訶
尒時復有三十六姟佛一時同聲說是无量壽宗要經陀羅尼曰
南謨薄伽勃底 阿波唎蜜多 阿喻紇硯娜 須毗你悉指陀 囉佐耶 怛他羯他耶 怛姪他唵 薩婆桑悉迦囉
波唎輸底 達磨底 伽伽娜 莎訶其特伽底 薩婆毗輸底 摩訶娜耶 波唎婆唎莎訶
尒時復有二十五姟佛一時同聲說是无量壽宗要經陀羅尼曰
南謨薄伽勃底 阿波唎蜜多 阿喻紇硯娜 須毗你悉指陀 囉佐耶 怛他羯他耶 怛姪他唵 薩婆桑悉迦囉
波唎輸底 達磨底 伽伽娜 莎訶其特伽底 薩婆毗輸底 摩訶娜耶 波唎婆唎莎訶
尒時復有恒河沙姟佛一時同聲說是无量壽宗要經陀羅尼曰
南謨薄伽勃底 阿波唎蜜多 阿喻紇硯娜 須毗你悉指陀 囉佐耶 怛他羯他耶 怛姪他唵 薩婆桑悉迦囉
波唎輸底 達磨底 伽伽娜 莎訶其特伽底 薩婆毗輸底 摩訶娜耶 波唎婆唎莎訶
善男子若有自書寫教人書寫是无量壽宗要經如其命盡復滿年陀羅尼曰
南謨薄伽勃底 阿波唎蜜多 阿喻紇硯娜 須毗你悉指陀 囉佐耶 怛他羯他耶 怛姪他唵 薩婆桑悉迦囉
波唎輸底 達磨底 伽伽娜 莎訶其特伽底 薩婆毗輸底 摩訶娜耶 波唎婆唎莎訶
若有自書寫教人書寫是无量壽宗要經讀誦受持畢竟不墮地獄在在所生得宿命智陀羅尼曰
南謨薄伽勃底 阿波唎蜜多 阿喻紇硯娜 須毗你悉指陀 囉佐耶 怛他羯他耶 怛姪他唵 薩婆桑悉迦囉
波唎輸底 達磨底 伽伽娜 莎訶其特伽底 薩婆毗輸底 摩訶娜耶 波唎婆唎莎訶

波唎輸底 達磨底 伽伽娜 莎訶其特伽底 薩婆婆毗輸底 摩訶娜耶 波唎婆唎莎訶
若有自書寫教人書寫是无量壽宗要經受持讀誦如同書寫八万四千一切經典陁羅尼曰
南謨薄伽勃底 阿波唎蜜多 阿喻紇硯娜 須毗你失指陁 囉佐耶 怛他羯他耶 怛姪他唵 薩婆桑塞迦囉
波唎輸底 達磨底 伽伽娜 莎訶其特伽底 薩婆婆毗輸底 摩訶娜耶 波唎婆唎莎訶
若有自書寫教人書寫是无量壽宗要經即如書寫八万四千部建立塔廟陁羅尼曰
南謨薄伽勃底 阿波唎蜜多 阿喻紇硯娜 須毗你失指陁 囉佐耶 怛他羯他耶 怛姪他唵 薩婆桑塞迦囉
波唎輸底 達磨底 伽伽娜 莎訶其特伽底 薩婆婆毗輸底 摩訶娜耶 波唎婆唎莎訶
若有自書寫教人書寫是无量壽宗要經能消五无間等一切重罪陁羅尼曰
南謨薄伽勃底 阿波唎蜜多 阿喻紇硯娜 須毗你失指陁 囉佐耶 怛他羯他耶 怛姪他唵 薩婆桑塞迦囉
波唎輸底 達磨底 伽伽娜 莎訶其特伽底 薩婆婆毗輸底 摩訶娜耶 波唎波唎莎訶
若有自 書寫教人書寫是无量壽宗要經受持讀誦設有重罪猶如須弥盡能消除滅陁羅尼曰
南謨薄伽勃底 阿波唎蜜多 阿喻紇硯娜 須毗你失指陁 囉佐耶 怛他羯他耶 怛姪他唵 薩婆桑塞迦囉
波唎輸底 達磨底 伽伽娜 莎訶其特伽底 薩婆婆毗輸底 摩訶娜耶 波唎婆唎莎訶
若有自書寫教人書寫是无量壽宗要經受持讀誦若魔魔之眷屬夜叉羅剎不得其便終无枉
横死 陁羅尼曰
南謨薄伽勃底 阿波唎蜜多 阿喻紇硯娜 須毗你失指陁 囉佐耶 怛他羯他耶 怛姪他唵 薩婆桑塞迦囉
波唎輸底 達磨底 伽伽娜 莎訶其特伽底 薩婆婆毗輸底 摩訶娜耶 波唎婆唎莎訶
若有自書寫教人書寫是无量壽宗要經受持讀誦當命終時有九十九

……摩訶娜耶　波唎婆唎莎訶
若有自書寫教人書寫是无量壽宗要經受持讀誦當命終有有九十九姟佛現其人前千佛授手
能遊一切佛剎莫於此經生於疑惑陀羅尼曰
南謨薄伽勃底　阿波唎蜜多　阿喻紇硯娜　須毗你悉指陀　囉佐耶　怛他羯他耶　怛姪他唵　薩婆桑悉迦囉
波唎輸底　達磨底　伽伽娜　莎訶某特伽底　薩婆婆毗輸底　摩訶娜耶　波唎婆唎莎訶
若有自書寫教人書寫是无量壽宗要經受持讀誦常得四天大王隨其衛護陀羅尼曰
南謨薄伽勃底　阿波唎蜜多　阿喻紇硯娜　須毗你悉指陀　囉佐耶　怛他羯他耶　怛姪他唵　薩婆桑悉迦囉
波唎輸底　達磨底　伽伽娜　莎訶某特伽底　薩婆婆毗輸底　摩訶娜耶　波唎婆唎莎訶
若有自書寫教人書寫是无量壽宗要經受持讀誦當得往生西方極樂世界阿弥陀淨土陀羅尼曰
南謨薄伽勃底　阿波唎蜜多　阿喻紇硯娜　須毗你悉指陀　囉佐耶　怛他羯他耶　怛姪他唵　薩婆桑悉迦囉
波唎輸底　達磨底　伽伽娜　莎訶某特伽底　薩婆婆毗輸底　摩訶娜耶　波唎婆唎莎訶
若有自書寫教人書寫是无量壽宗要經典之處即為是塔皆應恭敬作礼若是畜生或為
鳥獸得聞是經如是等類皆當不久得一切種智陀羅尼曰
南謨薄伽勃底　阿波唎蜜多　阿喻紇硯娜　須毗你悉指陀　囉佐耶　怛他羯他耶　怛姪他唵　薩婆桑悉迦囉
波唎輸底　達磨底　伽伽娜　莎訶某特伽底　薩婆婆毗輸底　摩訶娜耶　波唎婆唎莎訶
若有於是无量壽經受持讀誦畢竟不受女人之身陀羅尼曰
南謨薄伽勃底　阿波唎蜜多　阿喻紇硯娜　須毗你悉指陀　囉佐耶　怛他羯他耶　怛姪他唵　薩婆桑悉迦囉
波唎輸底　達磨底　伽伽娜　莎訶某特伽底　薩婆婆毗輸底　摩訶娜耶　波唎婆唎莎訶
若有能於是經少分兼惠施者　等於三千大千世界滿中七寶布施陀羅尼曰

波唎婆唎莎訶

若有能於是經少分能惠施者 等於三千大千世界滿中七寶布施陀羅尼曰

南謨薄伽勃底 阿波唎蜜多 阿喻紇硯娜 須毗你悉指陀 囉佐耶 怛他羯他耶 怛姪他唵 薩婆桑悉迦囉

波唎輸底 達磨底 伽伽娜 莎訶娑特伽底 薩婆婆毗輸底 摩訶娜耶 波唎婆唎莎訶

若有能於供養是經者 即時供養一切諸經等无有異 陀羅尼曰

南謨薄伽勃底 阿波唎蜜多 阿喻紇硯娜 須毗你悉指陀 囉佐耶 怛他羯他耶 怛姪他唵 薩婆桑悉迦囉

波唎輸底 達磨底 伽伽娜 莎訶娑特伽底 薩婆婆毗輸底 摩訶娜耶 波唎婆唎莎訶

如來毗婆尸佛 尸棄佛 俱舍浮佛 俱留孫佛 俱那舍牟尼佛 迦葉佛 釋迦牟尼佛

若有人以七寶供養如是七佛 其福有限 書寫受持是无量壽經典所生功德其福不可限量 陀

羅尼曰

南謨薄伽勃底 阿波唎蜜多 阿喻紇硯娜 須毗你悉指陀 囉佐耶 怛他羯他耶 怛姪他唵 薩婆桑悉迦囉

波唎輸底 達磨底 伽伽娜 莎訶娑特伽底 薩婆婆毗輸底 摩訶娜耶 波唎婆唎莎訶

若有七寶等於須彌以用布施 其福上能知其限量 是无量壽經典其福不可知數 陀羅尼曰

南謨薄伽勃底 阿波唎蜜多 阿喻紇硯娜 須毗你悉指陀 囉佐耶 怛他羯他耶 怛姪他唵 薩婆桑悉迦囉

波唎輸底 達磨底 伽伽娜 莎訶娑特伽底 薩婆婆毗輸底 摩訶娜耶 波唎婆唎莎訶

如是四大海水 可知滴數 是无量壽經典所生果報不可數量 陀羅尼曰

南謨薄伽勃底 阿波唎蜜多 阿喻紇硯娜 須毗你悉指陀 囉佐耶 怛他羯他耶 怛姪他唵 薩婆桑悉迦囉

波唎輸底 達磨底 伽伽娜 莎訶娑特伽底 薩婆婆毗輸底 摩訶娜耶 波唎婆利莎訶

若有自書寫教人書寫是无量壽經典 能護持恭養 即如恭敬一切十方佛

若有自書寫教人書寫是无量壽經典人能護持供養即如恭敬一切十方佛土如來无

有別異陁羅尼曰

南謨薄伽勃底 阿波唎蜜多 阿喻紇硯娜 須毗你悉指陁 囉佐耶 怛他羯他耶 怛姪他 唵 薩婆桑悉迦囉

波唎秫底 達磨底 伽伽娜 莎訶莫揭伽底 薩婆婆毗秫底 摩訶娜耶 波唎婆唎莎訶

布施力能成正覺 悟布施力人師子 布施力能聲普聞 慈悲階漸最能入

持戒力能成正覺 悟布施力人師子 布施力能聲普聞 慈悲階漸最能入

忍辱力能成正覺 悟忍辱力人師子 忍辱力能聲普聞 慈悲階漸最能入

精進力能成正覺 悟精進力人師子 進精力能聲普聞 慈悲階漸最能入

禪定力能成正覺 悟禪定力人師子 禪定力能聲普聞 慈悲階漸最能入

智慧力能成正覺 悟智慧力人師子 智慧力能聲普聞 慈悲階漸最能入

尒時如來說是經已一切世間天人阿脩羅揵闥婆等聞佛所說皆大歡喜信受奉

行

佛說无量壽宗要經

大乘无量壽經

如是我聞一時薄伽梵在舍衛國祇樹給孤獨園與大苾芻僧千二百五十人大菩薩摩訶薩衆俱同會坐

爾時世尊告曼殊室利童子上方有世界名无量功德聚彼土有佛号无量智決定王如來阿羅

三藐三菩提現為衆生開示說法曼殊諦聽南閻浮提人皆短壽大限百年於中夭枉橫死者衆曼

三藐三菩提現為衆生開示說法曼殊諦聽南閻浮提人皆智壽天限百年於中夜枉橫死者衆曼
殊如是无量壽如來功德名稱法要若有衆生得聞名号若自書使人書能為經卷受持讀誦
若於舍宅所住之處以種種花鬘瓔珞塗香末香而為供養如其命盡復得延年滿足百歲如是
曼殊若有衆生得聞是无量壽智決定如來一百八名号者益其長壽若有衆生大命將盡憶
念是如來名号更得增壽如是曼殊若有善男子善女人欲求長命於是无量壽如來一百八名
号有得聞者或自書若使人書為經卷受持讀誦如是等果報福德具足陀羅尼曰
南謨薄伽勃底 阿波唎蜜多 阿喻紇硯娜 須毗你志指陀 羅佐耶 怛他揭他耶 怛姪他 薩婆桑塞迦囉
波唎輸底 達磨底 伽伽娜 莎訶某持伽底 薩婆婆毗輸底 摩訶娜耶 波唎婆唎莎訶
世尊告曼殊室利如是如來一百八名号若有自書或使人書為經卷受持讀誦壽命盡復滿百
年壽終此身後得往生无量福智世界无量淨土陀羅尼曰
南謨薄伽勃底 阿波唎蜜多 阿喻紇硯娜 須毗你志指陀 羅佐耶 怛他揭他耶 怛姪他 薩婆桑塞迦囉
波唎輸底 達磨底 伽伽娜 莎訶某持伽底 薩婆婆毗輸底 摩訶娜耶 波唎婆唎莎訶
介時復有九十九殑伽一時同聲說是无量壽宗要經陀羅尼曰
南謨薄伽勃底 阿波唎蜜多 阿喻紇硯娜 須毗你志指陀 羅佐耶 怛他揭他耶 怛姪他 薩婆桑塞迦囉
波唎輸底 達磨底 伽伽娜 莎訶某持伽底 薩婆婆毗輸底 摩訶娜耶 波唎婆唎莎訶
介時復有一百四殑伽一時同聲說是无量壽宗要經陀羅尼曰
南謨薄伽勃底 阿波唎蜜多 阿喻紇硯娜 須毗你志指陀 羅佐耶 怛他揭他耶 怛姪他 薩婆桑塞迦囉
波唎輸底 達磨底 伽伽娜 莎訶某持伽底 薩婆婆毗輸底 摩訶娜耶 波唎婆唎莎訶

波唎輸底 達磨底 伽伽娜 莎訶其特伽底 薩婆婆毗輸底 摩訶娜耶 波唎婆唎莎訶

尒時復有七姟佛一時同聲說是无量壽宗要經陁羅尼曰

南謨薄伽勃底 阿波唎蜜多 阿喻紇硯娜 須毗你悉指陁 囉佐耶 怛他羯他耶 怛姪他 唵 薩婆桑悉迦囉

波唎輸底 達磨底 伽伽娜 莎訶其特伽底 薩婆婆毗輸底 摩訶娜耶 波唎婆唎莎訶

尒時復有六十五姟佛一時同聲說是无量壽宗要經陁羅尼曰

南謨薄伽勃底 阿波唎蜜多 阿喻紇硯娜 須毗你悉指陁 囉佐耶 怛他羯他耶 怛姪他 唵 薩婆桑悉迦囉

波唎輸底 達磨底 伽伽娜 莎訶其特伽底 薩婆婆毗輸底 摩訶娜耶 波唎婆唎莎訶

尒時復有五十五姟佛一時同聲說是无量壽宗要經陁羅尼曰

南謨薄伽勃底 阿波唎蜜多 阿喻紇硯娜 須毗你悉指陁 囉佐耶 怛他羯他耶 怛姪他 唵 薩婆桑悉迦囉

波唎輸底 達磨底 伽伽娜 莎訶其特伽底 薩婆婆毗輸底 摩訶娜耶 波唎婆唎莎訶

尒時復有四十五姟佛一時同聲說是无量壽宗要經陁羅尼曰

南謨薄伽勃底 阿波唎蜜多 阿喻紇硯娜 須毗你悉指陁 囉佐耶 怛他羯他耶 怛姪他 唵 薩婆桑悉迦囉

波唎輸底 達磨底 伽伽娜 莎訶其特伽底 薩婆婆毗輸底 摩訶娜耶 波唎婆唎莎訶

尒時復有三十六姟佛一時同聲說是无量壽宗要經陁羅尼曰

南謨薄伽勃底 阿波唎蜜多 阿喻紇硯娜 須毗你悉指陁 囉佐耶 怛他羯他耶 怛姪他 唵 薩婆桑悉迦囉

波唎輸底 達磨底 伽伽娜 莎訶其特伽底 薩婆婆毗輸底 摩訶娜耶 波唎婆唎莎訶

尒時復有二十五姟佛一時同聲說是无量壽宗要經陁羅尼曰

南謨薄伽勃底 阿波唎蜜多 阿喻紇硯娜 須毗你悉指陁 囉佐耶 怛他羯他耶 怛姪他 唵 薩婆桑悉迦囉

南謨薄伽勃底 阿波唎蜜多 阿喻紇硯娜 須毗你悉指陀 囉佐耶 怛他羯他耶 怛姪他 唵 薩婆桑悉迦囉
波唎輸底 達磨底 伽伽娜 莎訶其特伽底 薩婆毗輸底 摩訶娜耶 波唎婆唎莎訶
尓時復有恒河沙殑佛一時同聲說是无量壽宗要經陁羅尼曰
南謨薄伽勃底 阿波唎蜜多 阿喻紇硯娜 須毗你悉指陀 囉佐耶 怛他羯他耶 怛姪他 唵 薩婆桑悉迦囉
波唎輸底 達磨底 伽伽娜 莎訶其特伽底 薩婆毗輸底 摩訶娜耶 波唎婆唎莎訶
善男子若有自書寫教人書寫是无量壽經典如其命盡復滿年陁羅尼曰
南謨薄伽勃底 阿波唎蜜多 阿喻紇硯娜 須毗你悉指陀 囉佐耶 怛他羯他耶 怛姪他 唵 薩婆桑悉迦囉
波唎輸底 達磨底 伽伽娜 莎訶其特伽底 薩婆毗輸底 摩訶娜耶 波唎婆唎莎訶
若有自書寫教人書寫是无量壽宗要經讀誦受持畢竟不墮地獄在在所生得宿命智陁羅尼曰
若有自書寫教人書寫是无量壽宗要經受持讀誦如同書寫八万四千一切經典陁羅尼曰
南謨薄伽勃底 阿波唎蜜多 阿喻紇硯娜 須毗你悉指陀 囉佐耶 怛他羯他耶 怛姪他 唵 薩婆桑悉迦囉
波唎輸底 達磨底 伽伽娜 莎訶其特伽底 薩婆毗輸底 摩訶娜耶 波唎婆唎莎訶
若有自書寫教人書寫是无量壽宗要經受持讀誦如同書寫八万四千一切經典陁羅尼曰
南謨薄伽勃底 阿波唎蜜多 阿喻紇硯娜 須毗你悉指陀 囉佐耶 怛他羯他耶 怛姪他 唵 薩婆桑悉迦囉
波唎輸底 達磨底 伽伽娜 莎訶其特伽底 薩婆毗輸底 摩訶娜耶 波唎婆唎莎訶
若有自書寫教人書寫是无量壽宗要經則如書寫八万四千部建立塔廟陁羅尼曰
南謨薄伽勃底 阿波唎蜜多 阿喻紇硯娜 須毗你悉指陀 囉佐耶 怛他羯他耶 怛姪他 唵 薩婆桑悉迦囉

南謨薄伽勃底 阿波唎蜜多 阿喻紇硯娜 須毗你悉指陀 囉佐耶 怛他羯他耶 怛姪他 唵 薩婆桑悉迦囉

波唎輸底 達磨底 伽伽娜 莎訶娑 沒伽底 薩婆婆毗輸底 摩訶娜耶 波唎婆唎 莎訶

若有自書寫教人書寫是无量壽宗要經 能消五无間等一切重罪陀羅尼曰

南謨薄伽勃底 阿波唎蜜多 阿喻紇硯娜 須毗你悉指陀 囉佐耶 怛他羯他耶 怛姪他 唵 薩婆桑悉迦囉

波唎輸底 達磨底 伽伽娜 莎訶娑 沒伽底 薩婆婆毗輸底 摩訶娜耶 波唎婆唎 莎訶

若有自書寫教人書寫是无量壽宗要經受持讀誦 設有重罪猶如須彌盡能消滅陀羅尼曰

南謨薄伽勃底 阿波唎蜜多 阿喻紇硯娜 須毗你悉指陀 囉佐耶 怛他羯他耶 怛姪他 唵 薩婆桑悉迦囉

波唎輸底 達磨底 伽伽娜 莎訶娑 沒伽底 薩婆婆毗輸底 摩訶娜耶 波唎婆唎 莎訶

若有自書寫教人書寫是无量壽宗要經受持讀誦 魔王魔之眷屬夜叉羅刹不得其便於无

枉橫死陀羅尼曰

南謨薄伽勃底 阿波唎蜜多 阿喻紇硯娜 須毗你悉指陀 囉佐耶 怛他羯他耶 怛姪他 唵 薩婆桑悉迦囉

波唎輸底 達磨底 伽伽娜 莎訶娑 沒伽底 薩婆婆毗輸底 摩訶娜耶 波唎婆唎 莎訶

若有自書寫教人書寫是无量壽宗要經受持讀誦 當命終時有九十九姟現其人前來千佛授手

能遊一切佛刹 莫於此經生於疑惑 陀羅尼曰

南謨薄伽勃底 阿波唎蜜多 阿喻紇硯娜 須毗你悉指陀 囉佐耶 怛他羯他耶 怛姪他 唵 薩婆桑悉迦囉

波唎輸底 達磨底 伽伽娜 莎訶娑 沒伽底 薩婆婆毗輸底 摩訶娜耶 波唎婆唎 莎訶

若有自書寫教人書寫是无量壽宗要經受持讀誦 常得四天大王隨其衛護陀羅尼曰

若有自書寫教人書寫是无量壽宗要經受持讀誦當得四天大王隨其衛護陁羅尼曰
南謨薄伽勃底 阿波唎蜜多 阿喻紇硜娜 須毗你悉指陁 囉佐耶 怛他羯他耶 怛姪他唵 薩婆桑悉迦囉
波唎輸底 達磨底 伽伽娜 莎摩訶特伽底 薩婆毗輸底 摩訶娜耶 波唎婆唎 莎訶
若有自書寫教人書寫是无量壽宗要經受持讀誦當得往生西方極樂世界阿彌陁淨土

BD00589 金剛般若波羅蜜經

（後秦）鳩摩羅什 譯

99.5cm × 28cm

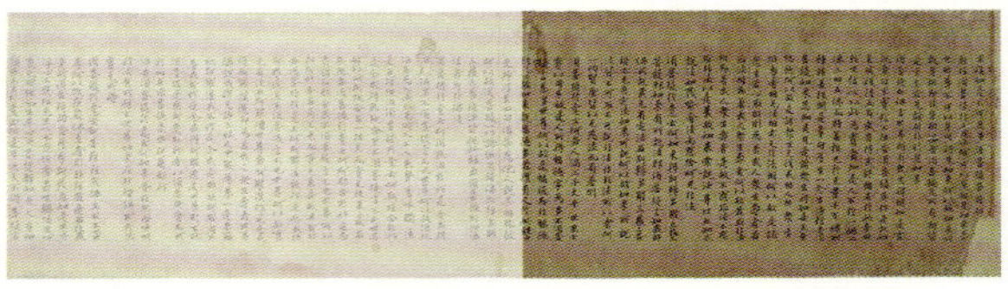

亦復如是不可思量須菩提菩薩但
教住須菩提於意云何可以身相見如来不不
也世尊不可以身相得見如来何以故如来所
說身相即非身相佛告須菩提凡所有相皆
是虛妄若見諸相非相則見如来
須菩提白佛言世尊頗有衆生得聞如是言
說章句生實信不佛告須菩提莫作是說如
来滅後後五百歲有持戒修福者於此章句
能生信心以此為實當知是人不於一佛二
佛三四五佛而種善根已於无量千万佛所
種諸善根聞是章句乃至一念生淨信者須
菩提如来悉知悉見是諸衆生得如是无量
福德何以故是諸衆生无復我相人相衆生
相壽者相无法相亦无非法相何以故是諸

衆生若心取相則為著我人衆生壽者若
取法相即著我人衆生壽者何以故若取非法
相即著我人衆生壽者是故不應取法不應
取非法以是義故如来常說汝等比丘知我
說法如筏喻者法尚應捨何况非法
須菩提於意云何如来得阿耨多羅三藐三
菩提耶如来有所說法耶須菩提言如我解
佛所說義无有定法名阿耨多羅三藐三菩
提亦无有定法如来可說何以故如来所說
法皆不可取不可說非法非非法所以者何
一切賢聖皆以无為法而有差別
須菩提於意云何若人滿三千大千世界七
寶以用布施是人所得福德寧為多不須菩
提言甚多世尊何以故是福德即非福德
性是故如来說福德多若復有人於此經中

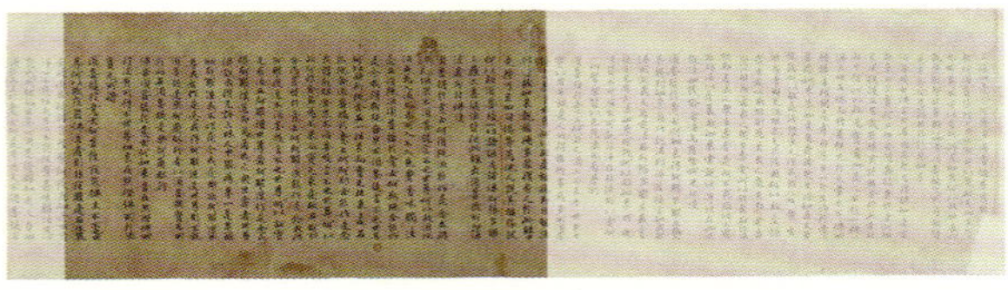

提言甚多世尊何以故是福德即非福德
性是故如來說福德多若復有人於此經中
受持乃至四句偈等為他人說其福勝彼
何以故須菩提一切諸佛及諸佛阿耨多羅
三藐三菩提法皆從此經出須菩提所謂佛
法者即非佛法
須菩提於意云何須陀洹能作是念我得
須陀洹果不須菩提言不也世尊何以故須陀
洹名為入流而无所入不入色聲香味觸法
是名須陀洹須菩提於意云何斯陀含能作
是念我得斯陀含果不須菩提言不也世尊
何以故斯陀含名一往來而實无往來是名
斯陀含須菩提於意云何阿那含能作是念
我得阿那含果不須菩提言不也世尊何以
故阿那含名為不來而實无來是故名阿那

舍須菩提於意云何阿羅漢能作是念我得
阿羅漢道不須菩提言不也世尊何以故實
无有法名阿羅漢世尊若阿羅漢作是念我
得阿羅漢道即為著我人衆生壽者世尊
佛說我得无諍三昧人中最為第一是第一離
欲阿羅漢我不作是念我是離欲阿羅漢世
尊我若作是念我得阿羅漢道世尊則不說
須菩提是樂阿蘭那行者以須菩提實无所
行而名須菩提是樂阿蘭那行
佛告須菩提於意云何如来昔在然燈佛所
於法有所得不世尊如来在然燈佛所於法
實无所得
須菩提於意云何菩薩莊嚴佛土不不也世
尊何以故莊嚴佛土者則非莊嚴是名莊嚴

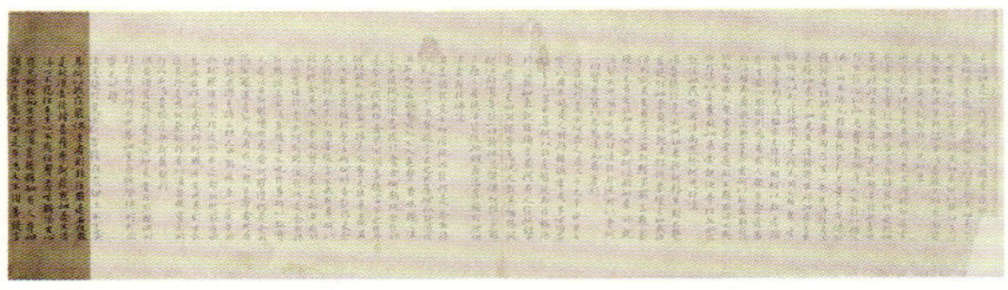

尊何以故莊嚴佛土者則非莊嚴是名莊嚴
是故須菩提諸菩薩摩訶薩應如是生清
淨心不應住色生心不應住聲香味觸法生心
應无所住而生其心須菩提譬如有人身如
須弥山王於意云何是身為大不須菩提言

BD00590 四分律戒本疏卷三

沙門慧述

BD00590v 雜寫

55cm × 27cm

……至知等八種
然亦〻若意有所犯說者能不犯　毀呰戒第二　一制意者失夫人
之法宜出善言逐相讚嘆令彼歡喜勇進脩道反以下賤〻言形呰
前人令彼慚愧廢修正業傷切人心甚於刀割惱處不堪拔所以聖
制　別緣有六一大比丘二十誦五分毀下四衆吉二是毀呰語四住析屏
意五言章句〻六〻前人聞知此毀語亦有四句比前而說已下正明戒本
此戒因六群比丘數〻事種類罵彼忘失前後慚愧不語比丘舉過佛引
古牛以辟畜生得毀不堪進力等便制此戒　若比丘種類毀呰語者
彼遮難　此滿足之戒本文有三句一犯人二毀語三結犯初句可知言種類
毀呰者於中有二初列六惡法次明所罵事言六惡者如律中種類
一種罵二姓罵三業罵四相貌罵五犯過罵六結使罵言種罵者汝是
罵家生言姓罵者汝是下姓人言業罵者汝是彼術工巧人言相貌
罵者汝是盲瞎等人言犯過罵者汝是過人言結使罵者汝是多結
使人第二所罵事者有三有若面罵二喻罵三自比罵言面罵者汝是
旃陀羅家生等是言喻罵者汝似除糞種等言自比罵者我非除糞種
乃至我非販賣殺牛羊魁膾人等又從善法罵亦三種面罵者汝
是阿蘭若坐禪等人餘二例知第三句言彼是難者是結罪之文於

拯重有二一以六種惡法罵比丘者皆得提罪和上闍梨得蘭ゝ若罵親
友同學等吉毗尼亦比罵外更加是中有如是人多犯謂小性比丘与
大性者同住云此中有小性比丘不犯者律云相若為利故說為法說
為教授故說為親友故說或喜笑或因語次或失口或觸處說或悞
說未有學不犯 兩舌語戒第二 制意者夫出家同住无心生別專擁
私屏傳於彼此令僧未有諍事而生已有諍事不除滅鬪亂僧衆
慨壞受重是故聖制別緣有六一竟大比丘除餘衆及破僧助伴等三
說鄙惡事三傳於彼此四作離意五言章了了六前人聞知論鬪亂大
比丘提餘衆拯罪以鬪比丘容有別鄙破僧事起為斯故重多有四句比
前以說已下正明戒本此戒六辭傳他彼此令衆鬪諍不能除滅比丘舉
過佛引野干鬪諍二獸現後於人便為制戒 若比丘兩舌語者波逸
提 此滿足之戒本文有三句一犯人二兩舌三結罪 初句可知二言兩舌
語者鬪亂兩頭令他破壞故律云鬪亂十衆出家五衆在家多尔三言
波逸提者是結犯文律云若鬪亂比丘者犯提餘九悉拯祇云以惡
法告言某甲說毋是无有上中下法欲令他離背墮多論說已更
若彼離不離皆墮多論說已更說隨若不傳彼此語但兩邊說令離
散者一切吉羅不犯中律云若破惡知識惡伴黨和上同師親友知識
於僧塔廟作无利欲方便作无義破如是人等一切无犯 此安人同室宿

於僧塔廟住无利欲方便住无義破如是人者一切无犯 共女人同室宿
戒第四 制意者男女形殊理无同居境界交涉容生譏嫌又致譏
醜莫能自扶患累不陸是故聖制制別緣有五一是人女二宿室相成就
三共同室宿四知共宿五隨卧轉側結罪 言人女者四五二律局取人女
人簡餘女簡異男等但是人女不問道俗親疎大小五分乃至初
[illegible]其[illegible]餘死女也[illegible]十三律[illegible]戒[illegible]母女姉妹大小道俗咸是

BD00590v　雜寫

BD00591 妙法蓮華經卷一

（後秦）鳩摩羅什 譯

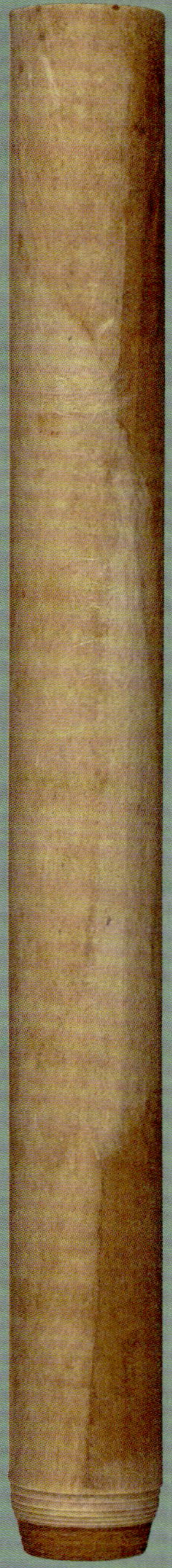

300.3cm×25.4cm

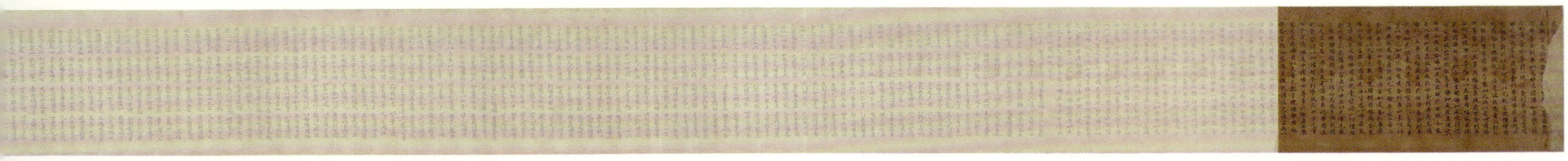

貞寳
善聽當為汝說舍利弗言唯然世尊願樂欲
聞佛告舍利弗如是妙法諸佛如来時乃說
之如優曇鉢華時一現耳舍利弗汝等當信
佛之所說言不虛妄舍利弗諸佛隨宜說法
意趣難解所以者何我以无數方便種種因
緣譬喻言辭演說諸法是法非思量分別之
所能解唯有諸佛乃能知之所以者何諸佛
世尊唯以一大事因緣故出現於世舍利弗
云何名諸佛世尊唯以一大事因緣故出現
於世諸佛世尊欲令衆生開佛知見使得清
淨故出現於世欲示衆生佛知見故出現於
世欲令衆生悟佛知見故出現於世欲令衆
生入佛知見道故出現於世舍利弗是為諸

佛以一大事因緣故出現於世佛告舍利弗
諸佛如来但教化菩薩諸有所作常為一事
唯以佛之知見示悟衆生舍利弗如来但以
一佛乘故為衆生說法无有餘乘若二若三
舍利弗一切十方諸佛法亦如是舍利弗過
去諸佛以无量无數方便種種因緣譬喻言
辭而為衆生演說諸法是法皆為一佛乘故
是諸衆生從諸佛聞法究竟皆得一切種智
舍利弗未来諸佛當出於世亦以无量无數
方便種種因緣譬喻言辭而為衆生演說諸
法是法皆為一佛乘故是諸衆生從佛聞法
究竟皆得一切種智舍利弗現在十方无量
百千万億佛土中諸佛世尊多所饒益安樂
衆生是諸佛亦以无量无數方便種種因緣
譬喻言辭而為衆生演說諸法是法皆為一

BD00591　妙法蓮華經卷一

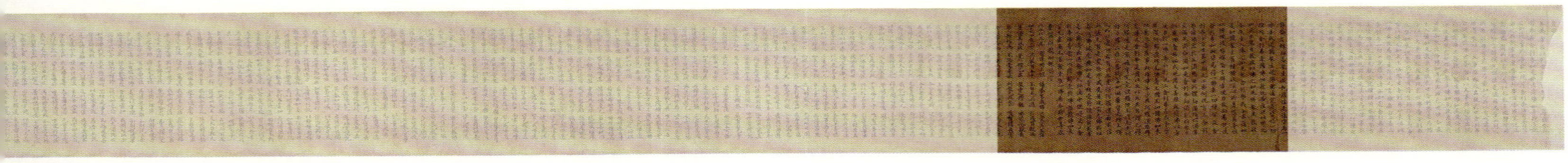

譬喻言辭而為衆生演說諸法是法皆為一
佛乘故是諸衆生從佛聞法究竟皆得一切
種智舍利弗是諸佛但教化菩薩欲以佛之
知見示衆生故欲以佛之知見悟衆生故欲
令衆生入佛之知見故舍利弗我今亦復如
是知諸衆生有種種欲深心所著隨其本性
以種種因緣譬喻言辭方便力故而為說法
舍利弗如此皆為得一佛乘一切種智故舍
利弗十方世界中尚无二乘何況有三舍利
弗諸佛出於五濁惡世所謂劫濁煩惱濁衆
生濁見濁命濁如是舍利弗劫濁亂時衆生
垢重慳貪嫉妬成就諸不善根故諸佛以方
便力於一佛乘分別說三舍利弗若我弟子
自謂阿羅漢辟支佛者不聞不知諸佛如來
但教化菩薩事此非佛弟子非阿羅漢非辟

支佛又舍利弗是諸比丘比丘尼自謂已得
阿羅漢是㝡後身究竟涅槃便不復志求阿
耨多羅三藐三菩提當知此輩皆是增上慢
人所以者何若有比丘實得阿羅漢若不信
此法无有是處除佛滅度後現前无佛所以
者何佛滅度後如是等經受持讀誦解義者
是人難得若遇餘佛於此法中便得決了舍
利弗汝等當一心信解受持佛語諸佛如來
言无虛妄无有餘乘唯一佛乘尒時世尊欲
重宣此義而說偈言
比丘比丘尼　有懷增上慢　優婆塞我慢　優婆夷不信
如是四衆等　其數有五千　不自見其過　於戒有缺漏
護惜其瑕疵　是小智已出　衆中之糟糠　佛威德故去
斯人尠福德　不堪受是法　此衆无枝葉　唯有諸貞實
舍利弗善聽　諸佛所得法　无量方便力　而為衆生說

BD00591　妙法蓮華經卷一

斯人尠福德　不堪受是法　此衆无枝葉　唯有諸貞實
舍利弗善聽　諸佛所得法　无量方便力　而為衆生說
衆生心所念　種種所行道　若干諸欲性　先世善惡業
佛悉知是已　以諸緣譬喻　言辭方便力　令一切歡喜
或說脩多羅　伽陀及本事　本生未曾有　亦說於因緣
譬喻并祇夜　優波提舍經　鈍根樂小法　貪著於生死
於諸无量佛　不行深妙道　衆苦所惱亂　為是說涅槃
我設是方便　令得入佛慧　未曾說汝等　當得成佛道
所以未曾說　說時未至故　今正是其時　決定說大乘
我此九部法　隨順衆生說　入大乘為本　以故說是經
有佛子心淨　柔軟亦利根　无量諸佛所　而行深妙道
為此諸佛子　說是大乘經　我記如是人　來世成佛道
以深心念佛　脩持淨戒故　此等聞得佛　大喜充遍身
佛知彼心行　故為說大乘　聲聞若菩薩　聞我所說法
乃至於一偈　皆成佛无疑　十方佛土中　唯有一乘法

无二亦无三 除佛方便說 但以假名字 引導於衆生
說佛智慧故 諸佛出於世 唯此一事實 餘二則非真
終不以小乘 濟度於衆生 佛自住大乘 如其所得法
定慧力莊嚴 以此度衆生 自證无上道 大乘平等法
若以小乘化 乃至於一人 我則墮慳貪 此事為不可
若人信歸佛 如來不欺誑 亦无貪嫉意 斷諸法中惡
故佛於十方 而獨无所畏 我以相嚴身 光明照世間
无量衆所尊 為說實相印 舍利弗當知 我本立誓願
欲令一切衆 如我等无異 如我昔所願 今者已滿足
化一切衆生 皆令入佛道 若我遇衆生 盡教以佛道
无智者錯亂 迷惑不受教 我知此衆生 未曾脩善本
堅著於五欲 癡愛故生惱 以諸欲因緣 墜墮三惡道
輪迴六趣中 備受諸苦毒 受胎之微形 世世常增長
薄德少福人 衆苦所逼迫 入邪見稠林 若有若无等
依止此諸見 具足六十二 深著虛妄法 堅受不可捨

依止此諸見　具足六十二　深著虛妄法　堅受不可捨
我慢自矜高　諂曲心不實　於千万億劫　不聞佛名字
亦不聞正法　如是人難度　是故舍利弗　我為設方便
說諸盡苦道　示之以涅槃　我雖說涅槃　是亦非真滅
諸法從本來　常自寂滅相　佛子行道已　來世得作佛
我有方便力　開示三乘法　一切諸世尊　皆說一乘道
今此諸大衆　皆應除疑惑　諸佛語无異　唯一无二乘
過去无數劫　无量滅度佛　百千万億種　其數不可量
如是諸世尊　種種緣譬喻　无數方便力　演說諸法相
是諸世尊等　皆說一乘法　化无量衆生　令入於佛道
又諸大聖主　知一切世間　天人羣生類　深心之所欲
更以異方便　助顯第一義　若有衆生類　值諸過去佛
若聞法布施　或持戒忍辱　精進禪智等　種種脩福德
如是諸人等　皆已成佛道　諸佛滅度已　若人善軟心
起万億種塔　金銀及頗梨　車璖與馬瑙　玫瑰琉璃珠

清淨廣嚴飾　莊校於諸塔　或有起石廟　栴檀及沉水
木蜜并餘材　塼瓦泥土等　若於曠野中　積土成佛廟
乃至童子戲　聚沙為佛塔　如是諸人等　皆已成佛道
若人為佛故　建立諸形像　刻雕成衆相　皆已成佛道
或以七寶成　鍮石赤白銅　白鑞及鉛錫　鐵木及與泥
或以膠漆布　嚴飾作佛像　如是諸人等　皆已成佛道
采畫作佛像　百福莊嚴相　自作若使人　皆已成佛道
乃至童子戲　若草木及筆　或以指爪甲　而畫作佛像
如是諸人等　漸漸積功德　具足大悲心　皆已成佛道
但化諸菩薩　度脫无量衆　若人於塔廟　寶像及畫像
以華香幡蓋　敬心而供養　若使人作樂　擊鼓吹角貝
簫笛琴箜篌　琵琶鐃銅鈸　如是衆妙音　盡持以供養
或以歡喜心　歌唄頌佛德　乃至一小音　皆已成佛道
若人散亂心　乃至以一華　供養於畫像　漸見无數佛
或有人禮拜　或復但合掌　乃至舉一手　或復小低頭

若人散亂心　乃至以一華　供養於畫像　漸見无數佛
或有人礼拜　或復但合掌　乃至舉一手　或復小低頭
以此供養像　漸見无量佛　自成无上道　廣度无數衆
入无餘涅槃　如薪盡火滅　若人散亂心　入於塔廟中
一稱南无佛　皆已成佛道　於諸過去佛　在世或滅後
若有聞是法　皆已成佛道　未來諸世尊　其數无有量
是諸如來等　亦方便說法　一切諸如來　以无量方便
度脫諸衆生　入佛无漏智　若有聞法者　无一不成佛
諸佛本誓願　我所行佛道　普欲令衆生　亦同得此道
未來世諸佛　雖說百千億　无數諸法門　其實為一乘
諸佛兩足尊　知法常无性　佛種從緣起　是故說一乘
是法住法位　世間相常住　於道場知已　導師方便說
天人所供養　現在十方佛　其數如恒沙　出現於世間
安隱衆生故　亦說如是法　知第一寂滅　以方便力故
雖示種種道　其實為佛乘　知衆生諸行　深心之所念

過去所習業　欲性精進力　及諸根利鈍　以種種因緣
譬喻亦言辭　隨應方便說　今我亦如是　安隱衆生故
以種種法門　宣示於佛道　我以智慧力　知衆生性欲
方便說諸法　皆令得歡喜　舍利弗當知　我以佛眼觀
見六道衆生　貧窮无福慧　入生死險道　相續苦不斷
深著於五欲　如犛牛愛尾　以貪愛自蔽　盲瞑无所見
不求大勢佛　及與斷苦法　深入諸耶見　以苦欲捨苦
為是衆生故　而起大悲心　我始坐道場　觀樹亦經行
於三七日中　思惟如是事　我所得智慧　微妙㝡第一
衆生諸根鈍　著樂癡所盲　如斯之等類　云何而可度
尒時諸梵王　及諸天帝釋　護世四天王　及大自在天
并餘諸天衆　眷屬百千万　恭敬合掌礼　請我轉法輪
我即自思惟　若但讚佛乘　衆生没在苦　不能信是法
破法不信故　墜於三惡道　我寧不說法　疾入於涅槃
尋念過去佛　所行方便力　我今所得道　亦應說三乘

尋念過去佛　所行方便力　我今所得道　亦應說三乘
作是思惟時　十方佛皆現　梵音慰喻我　善哉釋迦文
第一之導師　得是无上法　隨諸一切佛　而用方便力
我等亦皆得　冣妙第一法　為諸衆生類　分別說三乘
少智樂小法　不自信作佛　是故以方便　分別說諸果
雖復說三乘　但為教菩薩　舍利弗當知　我聞聖師子
深淨微妙音　稱南无諸佛　復作如是念　我出濁惡世
如諸佛所說　我亦隨順行　思惟是事已　即趣波羅柰
諸法寂滅相　不可以言宣　以方便力故　為五比丘說
是名轉法輪　便有涅槃音　及以阿羅漢　法僧差別名
從久遠劫來　讚示涅槃法　生死苦永盡　我常如是說
舍利弗當知　我見佛子等　志求佛道者　无量千万億
咸以恭敬心　皆來至佛所　曾從諸佛聞　方便所說法
我即作是念　所以出於世　為說佛慧故　今正是其時
舍利弗當知　鈍根小智人　著相憍慢者　不能信是法

今我喜无畏　於諸菩薩中　正直捨方便　但說无上道
菩薩聞是法　疑網皆已除　千二百羅漢　悉亦當作佛
如三世諸佛　說法之儀式　我今亦如是　說无分別法
諸佛興出世　懸遠值遇難　正使出于世　說是法復難
无量无數劫　聞是法亦難　能聽是法者　斯人亦復難
譬如優曇華　一切皆愛樂　天人所希有　時時乃一出
聞法歡喜讚　乃至發一言　則為已供養　一切三世佛
是人甚希有　過於優曇華　汝等勿有疑　我為諸法王
普告諸大眾　但以一乘道　教化諸菩薩　无聲聞弟子
汝等舍利弗　聲聞及菩薩　當知是妙法　諸佛之秘要
以五濁惡世　但樂著諸欲　如是等眾生　終不求佛道
當來世惡人　聞佛說一乘　迷惑不信受　破法墮惡道
有慚愧清淨　志求佛道者　當為如是等　廣讚一乘道
舍利弗當知　諸佛法如是　以万億方便　隨宜而說法
其不習學者　不能曉了此　汝等既已知　諸佛世之師

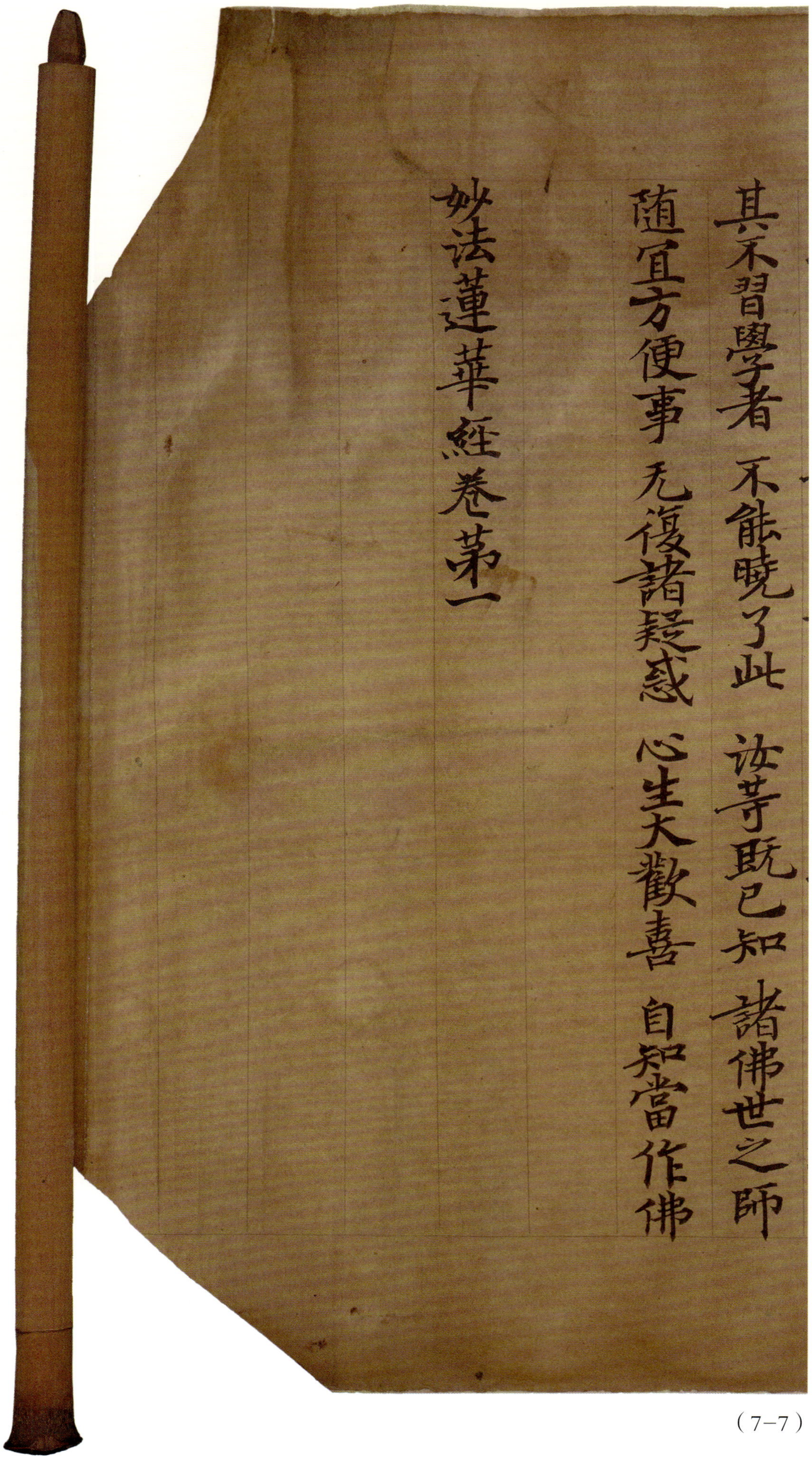

其不習學者　不能曉了此　汝等既已知　諸佛世之師
隨宜方便事　无復諸疑惑　心生大歡喜　自知當作佛

妙法蓮華經卷第一

BD00592 大般若波羅蜜多經卷三二

（唐）玄奘 譯

772.1cm × 25.4cm

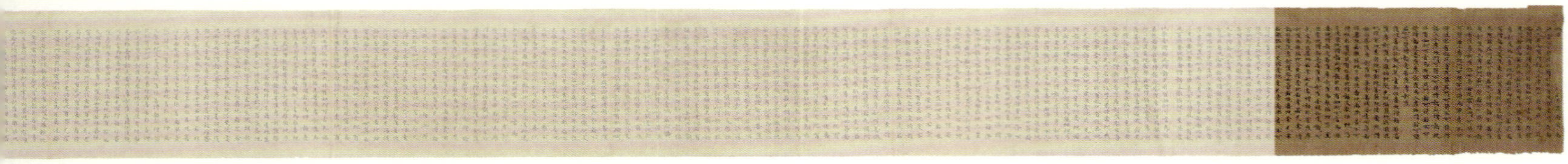

外在[illegible]若外在兩間尚
畢竟不可得性非有故況有陁羅尼門在内
在外在兩間增語及三摩地門在内在外在
兩間增語此增語既非有如何可言即陁羅
尼門若在内若在外若在兩間增語是菩薩
摩訶薩即三摩地門若在内若在外若在兩
間增語是菩薩摩訶薩善現汝復觀何義言
即陁羅尼門若可得若不可得增語非菩薩
摩訶薩即三摩地門若可得若不可得增語
非菩薩摩訶薩耶世尊若陁羅尼門可得不
可得若三摩地門可得不可得尚畢竟不可
得性非有故況有陁羅尼門可得不可得增
語及三摩地門可得不可得增語此增語既
非有如何可言即陁羅尼門若可得若不可

得增語是菩薩摩訶薩即三摩地門若可得
若不可得增語是菩薩摩訶薩
復次善現汝觀何義言即極喜地增語非菩
薩摩訶薩即離垢地發光地焰慧地極難勝
地現前地遠行地不動地善慧地法雲地增
語非菩薩摩訶薩耶具壽善現荅言世尊若
極喜地若離垢地乃至法雲地尚畢竟不可
得性非有故況有極喜地增語及離垢地乃
至法雲地增語此增語既非有如何可言即極
喜地增語是菩薩摩訶薩即離垢地乃至
法雲地增語是菩薩摩訶薩善現汝復觀何
義言即極喜地若常若无常增語非菩薩摩
訶薩即離垢地乃至法雲地若常若无常增
語非菩薩摩訶薩耶世尊若極喜地常无常
若離垢地乃至法雲地常无常尚畢竟不可

若離垢地乃至法雲地常无常尚畢竟不可
得性非有故況有極喜地常无常增語及離
垢地乃至法雲地常无常增語此增語既非
有如何可言即極喜地若常若无常增語是
菩薩摩訶薩即離垢地乃至法雲地若常若
无常增語是菩薩摩訶薩善現汝復觀何義
言即極喜地若樂若苦增語非菩薩摩訶薩
即離垢地乃至法雲地若樂若苦增語非菩
薩摩訶薩耶世尊若極喜地樂苦若離垢地
乃至法雲地樂苦常畢竟不可得性非有故
況有極喜地樂苦增語及離垢地乃至法雲
地樂苦增語此增語既非有如何可言即極
喜地若樂若苦增語是菩薩摩訶薩即離垢
地乃至法雲地若樂若苦增語是菩薩摩訶

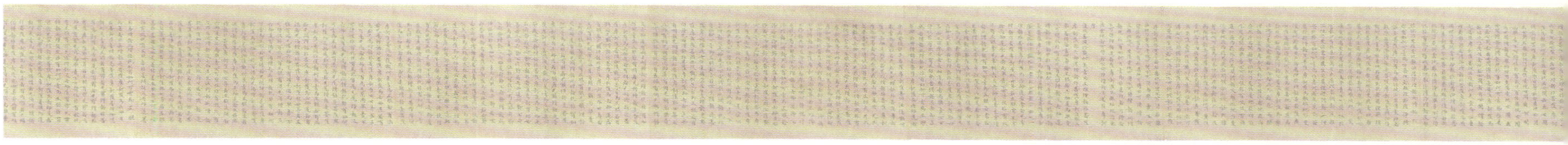

薩善現汝復觀何義言即極喜地若我若无
我增語非菩薩摩訶薩即離垢地乃至法雲
地若我若无我增語非菩薩摩訶薩耶世尊
若極喜地我无我若離垢地乃至法雲地我
无我尚畢竟不可得性非有故況有極喜地
我无我增語及離垢地乃至法雲地我无我
增語此增語既非有如何可言即極喜地若
我若无我增語是菩薩摩訶薩即離垢地乃
至法雲地若我若无我增語是菩薩摩訶薩
善現汝復觀何義言即極喜地若淨若不淨
增語非菩薩摩訶薩即離垢地乃至法雲地
若淨若不淨增語非菩薩摩訶薩耶世尊若
極喜地淨不淨若離垢地乃至法雲地淨不
淨尚畢竟不可得性非有故況有極喜地淨
不淨增語及離垢地乃至法雲地淨不淨增

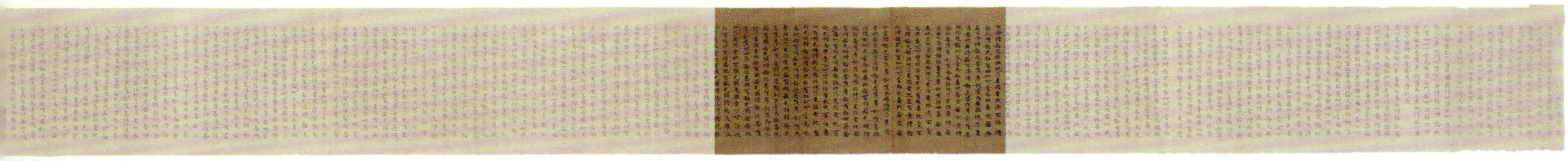

不淨增語及雜垢地乃至法雲地淨不淨增
語此增語既非有如何可言即極喜地若淨
若不淨增語是菩薩摩訶薩即離垢地乃至
法雲地若淨若不淨增語是菩薩摩訶薩善
現汝復觀何義言即極喜地若空若不空增
語非菩薩摩訶薩即離垢地乃至法雲地若
空若不空增語非菩薩摩訶薩耶世尊若極
喜地空不空若離垢地乃至法雲地空不空
尚畢竟不可得性非有故况有極喜地空不
空增語及離垢地乃至法雲地空不空增語
此增語既非有如何可言即極喜地若空若
不空增語是菩薩摩訶薩即離垢地乃至法
雲地若空若不空增語是菩薩摩訶薩善現
汝復觀何義言即極喜地若有相若无相增

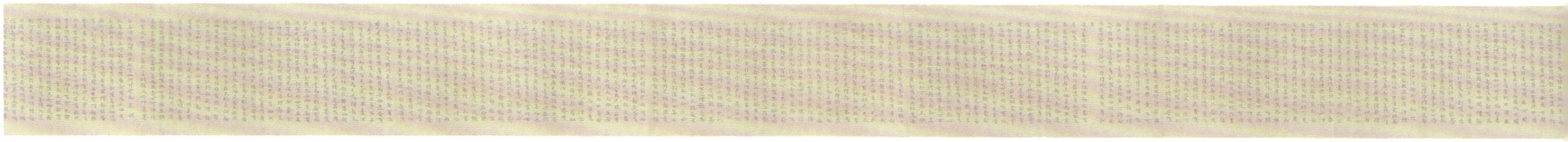

語非菩薩摩訶薩即離垢地乃至法雲地若
有相若无相增語非菩薩摩訶薩耶世尊若
極喜地有相无相若離垢地乃至法雲地有
相无相尚畢竟不可得性非有故况有極喜
地有相无相增語及離垢地乃至法雲地有
相无相增語此增語既非有如何可言即極
喜地若有相若无相增語是菩薩摩訶薩即
離垢地乃至法雲地若有相若无相增語是
菩薩摩訶薩善現汝復觀何義言即極喜地
若有願若无願增語非菩薩摩訶薩即離垢
地乃至法雲地若有願若无願增語非菩薩
摩訶薩耶世尊若極喜地有願无願若離垢
地乃至法雲地有願无願尚畢竟不可得性
非有故况有極喜地有願无願增語及離垢
地乃至法雲地有願无願增語此增語既非

BD00592　大般若波羅蜜多經卷三二

地乃至法雲地有願无願增語此增語既非
有如何可言即極喜地若有願若无願增語
是菩薩摩訶薩即離垢地乃至法雲地若有
願若无願增語是菩薩摩訶薩善現汝復觀
何義言即極喜地若寂靜若不寂靜增語非
菩薩摩訶薩即離垢地乃至法雲地若寂靜
若不寂靜增語非菩薩摩訶薩耶世尊若極
喜地寂靜不寂靜若離垢地乃至法雲地寂
靜不寂靜尚畢竟不可得性非有故况有極
喜地寂靜不寂靜增語及離垢地乃至法雲
地寂靜不寂靜增語此增語既非有如何可
言即極喜地若寂靜若不寂靜增語是菩薩
摩訶薩即離垢地乃至法雲地若寂靜若不
寂靜增語是菩薩摩訶薩善現汝復觀何義

言即極喜地若遠離若不遠離增語非菩薩
摩訶薩即離垢地乃至法雲地若遠離若不
遠離增語非菩薩摩訶薩耶世尊若極喜地
遠離不遠離若離垢地乃至法雲地遠離不
遠離尚畢竟不可得性非有故況有極喜地
遠離不遠離增語及離垢地乃至法雲地遠
離不遠離增語此增語既非有如何可言即
極喜地若遠離若不遠離增語是菩薩摩訶
薩即離垢地乃至法雲地若遠離若不遠離
增語是菩薩摩訶薩善現汝復觀何義言即
極喜地若有為若无為增語非菩薩摩訶薩
即離垢地乃至法雲地若有為若无為增語
非菩薩摩訶薩耶世尊若極喜地有為无為
若離垢地乃至法雲地有為无為尚畢竟不
可得性非有故況有極喜地有為无為增語

若離垢地乃至法雲地有為无為尚畢竟不
可得性非有故況有極喜地有為无為增語
及離垢地乃至法雲地有為无為增語此增
語既非有如何可言即極喜地若有為若无
為增語是菩薩摩訶薩即離垢地乃至法雲
地若有為若无為增語是菩薩摩訶薩善現
汝復觀何義言即極喜地若有漏若无漏增
語非菩薩摩訶薩即離垢地乃至法雲地若
有漏若无漏增語非菩薩摩訶薩耶世尊若
極喜地有漏无漏若離垢地乃至法雲地有
漏无漏尚畢竟不可得性非有故況有極喜
地有漏无漏增語及離垢地乃至法雲地有
漏无漏增語此增語既非有如何可言即極
喜地若有漏若无漏增語是菩薩摩訶薩即
離垢地乃至法雲地若有漏若无漏增語是

菩薩摩訶薩善現汝復觀何義言即極喜地
若生若滅增語非菩薩摩訶薩即離垢地乃
至法雲地若生若滅增語非菩薩摩訶薩邪
世尊若極喜地生滅若離垢地乃至法雲地生
滅尚畢竟不可得性非有故況有極喜地
生滅增語及離垢地乃至法雲地生滅增語
此增語既非有如何可言即極喜地若生若
滅增語是菩薩摩訶薩即離垢地乃至法雲
地若生若滅增語是菩薩摩訶薩善現汝復
觀何義言即極喜地若善若非善增語非菩
薩摩訶薩即離垢地乃至法雲地若善若非
善增語非菩薩摩訶薩邪世尊若極喜地善
非善若離垢地乃至法雲地善非善尚畢竟
不可得性非有故況有極喜地善非善增語
及離垢地及至法雲地善非善增語此增語

及離垢地及至法雲地善非善增語此增語
既非有如何可言即極喜地若善若非善增
語是菩薩摩訶薩即離垢地乃至法雲地若
善若非善增語是菩薩摩訶薩善現汝復觀
何義言即極喜地若有罪若无罪增語非菩
薩摩訶薩即離垢地乃至法雲地若有罪若
无罪增語非菩薩摩訶薩耶世尊若極喜地
有罪无罪若離垢地乃至法雲地有罪无罪
尚畢竟不可得性非有故況有極喜地有罪
无罪增語及離垢地乃至法雲地有罪无罪
增語此增語既非有如何可言即極喜地若
有罪若无罪增語是菩薩摩訶薩即離垢地
乃至法雲地若有罪若无罪增語是菩薩摩
訶薩善現汝復觀何義言即極喜地若有煩

惱若无煩惱增語非菩薩摩訶薩即離垢地
乃至法雲地若有煩惱若无煩惱增語非菩
薩摩訶薩耶世尊若極喜地有煩惱无煩惱
若離垢地乃至法雲地有煩惱无煩惱尚畢
竟不可得性非有故況有極喜地有煩惱无
煩惱增語及離垢地乃至法雲地有煩惱无
煩惱增語此增語既非有如何可言即極喜
地若有煩惱若无煩惱增語是菩薩摩訶薩
即離垢地乃至法雲地若有煩惱若无煩惱
增語是菩薩摩訶薩善現汝復觀何義言即
極喜地若世間若出世間增語非菩薩摩訶
薩即離垢地乃至法雲地若世間若出世間
增語非菩薩摩訶薩耶世尊若極喜地世間
出世間若離垢地乃至法雲地世間出世間
尚畢竟不可得性非有故況有極喜地世間

尚畢竟不可得性非有故況有極喜地世間
出世間增語及離垢地乃至法雲地世間出
世間增語此增語既非有如何可言即極喜
地若世間若出世間增語是菩薩摩訶薩即
離垢地乃至法雲地若世間若出世間增語
是菩薩摩訶薩善現汝復觀何義言即極喜
地若雜染若清淨增語非菩薩摩訶薩即離
垢地乃至法雲地若雜染若清淨增語非菩
薩摩訶薩邪世尊若極喜地雜染清淨若離
垢地乃至法雲地雜染清淨尚畢竟不可得
性非有故況有極喜地雜染清淨增語及離
垢地乃至法雲地雜染清淨增語此增語既
非有如何可言即極喜地若雜染若清淨增
語是菩薩摩訶薩即離垢地乃至法雲地若

雜染若清淨增語是菩薩摩訶薩善現汝復
觀何義言即極喜地若屬生死若屬涅槃增
語非菩薩摩訶薩即離垢地乃至法雲地若
屬生死若屬涅槃增語非菩薩摩訶薩邪世
尊若極喜地屬生死屬涅槃若離垢地乃至
法雲地屬生死屬涅槃尚畢竟不可得性非
有故況有極喜地屬生死屬涅槃增語及離
垢地乃至法雲地屬生死屬涅槃增語此增
語既非有如何可言即極喜地若屬生死若
屬涅槃增語是菩薩摩訶薩即離垢地乃至
法雲地若屬生死若屬涅槃增語是菩薩摩
訶薩善現汝復觀何義言即極喜地若在內
若在外若在兩閒增語非菩薩摩訶薩即離
垢地乃至法雲地若在內若在外若在兩閒
增語非菩薩摩訶薩邪世尊若極喜地在內

BD00592　大般若波羅蜜多經卷三二

增語非菩薩摩訶薩耶世尊若極喜地在內
在外在兩間若離垢地乃至法雲地在內在
外在兩間尚畢竟不可得性非有故况有極
喜地在內在外在兩間增語及離垢地乃至
法雲地在內在外在兩間增語此增語既非
有如何可言即極喜地若在內若在外若在
兩間增語是菩薩摩訶薩即離垢地乃至法
雲地若在內若在外若在兩間增語是菩薩
摩訶薩善現汝復觀何義言即極喜地若可
得若不可得增語非菩薩摩訶薩即離垢地
乃至法雲地若可得若不可得增語非菩薩
摩訶薩耶世尊若極喜地可得不可得若離
垢地乃至法雲地可得不可得尚畢竟不可
得性非有故况有極喜地可得不可得增語

及離垢地乃至法雲地可得不可得增語此增
語既非有如何可言即極喜地若可得若
不可得增語是菩薩摩訶薩即離垢地乃至
法雲地若可得若不可得增語是菩薩摩訶
薩
復次善現汝觀何義言即五眼增語非菩薩
摩訶薩即六神通增語非菩薩摩訶薩耶具
壽善現答言世尊若五眼若六神通尚畢竟
不可得性非有故況有五眼增語及六神通
增語此增語既非有如何可言即五眼增語
是菩薩摩訶薩即六神通增語是菩薩摩訶
薩善現汝復觀何義言即五眼若常若无常
增語非菩薩摩訶薩即六神通若常若无常
增語非菩薩摩訶薩耶世尊若五眼常无常
若六神通常无常尚畢竟不可得性非有故

若六神通常无常尚畢竟不可得性非有故
況有五眼常无常增語及六神通常无常增
語此增語既非有如何可言即五眼若常若
无常增語是菩薩摩訶薩即六神通若常若
无常增語是菩薩摩訶薩善現汝復觀何義
言即五眼若樂若苦增語非菩薩摩訶薩即
六神通若樂若苦增語非菩薩摩訶薩耶世
尊若五眼樂苦若六神通樂苦尚畢竟不可
得性非有故況有五眼樂苦增語及六神通
樂苦增語此增語既非有如何可言即五眼
若樂若苦增語是菩薩摩訶薩即六神通若
樂若苦增語是菩薩摩訶薩善現汝復觀何
義言即五眼若我若无我增語非菩薩摩訶
薩即六神通若我若无我增語非菩薩摩訶

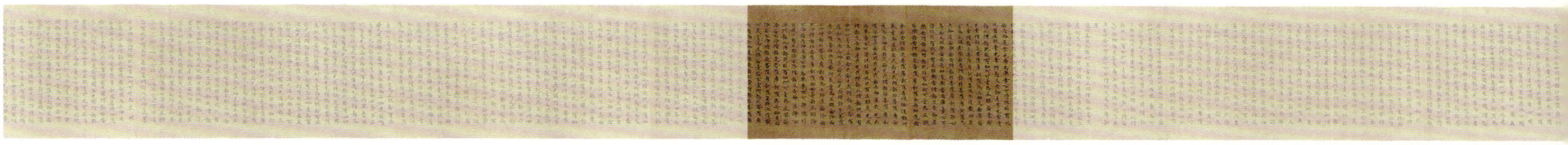

薩耶世尊若五眼我无我若六神通我无我
尚畢竟不可得性非有故況有五眼我无我
增語及六神通我无我增語此增語既非有
如何可言即五眼若我若无我增語是菩薩
摩訶薩即六神通若我若无我增語是菩薩
摩訶薩善現汝復觀何義言即五眼若淨若
不淨增語非菩薩摩訶薩即六神通若淨若
不淨增語非菩薩摩訶薩耶世尊若五眼淨
不淨若六神通淨不淨尚畢竟不可得性非
有故況有五眼淨不淨增語及六神通淨不
淨增語此增語既非有如何可言即五眼若
淨若不淨增語是菩薩摩訶薩即六神通若
淨若不淨增語是菩薩摩訶薩善現汝復觀
何義言即五眼若空若不空增語非菩薩摩
訶薩即六神通若空若不空增語非菩薩摩

訶薩即六神通若空若不空增語非菩薩摩
訶薩耶世尊若五眼空不空若六神通空不
空尚畢竟不可得性非有故況有五眼空不
空增語及六神通空不空增語此增語既非
有如何可言即五眼若空若不空增語是菩
薩摩訶薩即六神通若空若不空增語是菩
薩摩訶薩善現汝復觀何義言即五眼若有
相若无相增語非菩薩摩訶薩即六神通若
有相若无相增語非菩薩摩訶薩耶世尊若
五眼有相无相若六神通有相无相尚畢竟
不可得性非有故況有五眼有相无相增語
及六神通有相无相增語此增語既非有如
何可言即五眼若有相若无相增語是菩薩
摩訶薩即六神通若有相若无相增語是菩

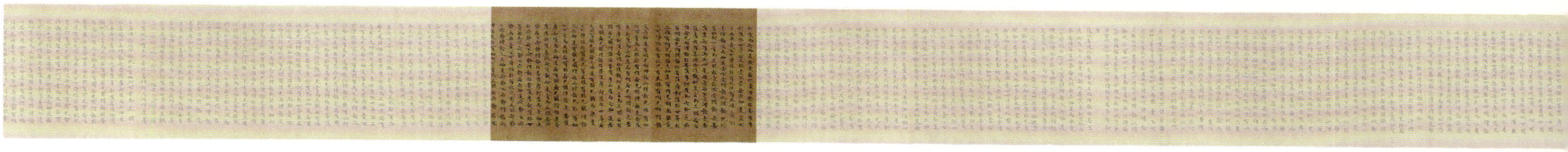

薩摩訶薩善現汝復觀何義言即五眼若有
願若无願增語非菩薩摩訶薩即六神通若
有願若无願增語非菩薩摩訶薩邪世尊若
五眼有願无願若六神通有願无願尚畢竟
不可得性非有故況有五眼有願无願增語
及六神通有願无願增語此增語既非有如
何可言即五眼若有願若无願增語是菩薩
摩訶薩即六神通若有願若无願增語是菩
薩摩訶薩善現汝復觀何義言即五眼若寂
靜若不寂靜增語非菩薩摩訶薩即六神通
若寂靜若不寂靜增語非菩薩摩訶薩邪世
尊若五眼寂靜不寂靜若六神通寂靜不寂
靜尚畢竟不可得性非有故況有五眼寂靜
不寂靜增語及六神通寂靜不寂靜增語此
增語既非有如何可言即五眼若寂靜若不

增語既非有如何可言即五眼若寂靜若不
寂靜增語是菩薩摩訶薩即六神通若寂靜
若不寂靜增語是菩薩摩訶薩善現汝復觀
何義言即五眼若遠離若不遠離增語非菩
薩摩訶薩即六神通若遠離若不遠離增語
非菩薩摩訶薩耶世尊若五眼遠離不遠離
若六神通遠離不遠離尚畢竟不可得性非
有故況有五眼遠離不遠離增語及六神通
遠離不遠離增語此增語既非有如何可言
即五眼若遠離若不遠離增語是菩薩摩訶
薩即六神通若遠離若不遠離增語是菩薩
摩訶薩善現汝復觀何義言即五眼若有爲
若无爲增語非菩薩摩訶薩即六神通若有
爲若无爲增語非菩薩摩訶薩耶世尊若五

眼有為无為若六神通有為无為畢竟不
可得性非有故況有五眼有為无為增語及
六神通有為无為增語此增語既非有如何
可言即五眼若有為若无為增語是菩薩摩
訶薩即六神通若有為若无為增語是菩薩
摩訶薩善現汝復觀何義言即五眼若有漏
若无漏增語非菩薩摩訶薩即六神通若有
漏若无漏增語非菩薩摩訶薩耶世尊若五
眼有漏无漏若六神通有漏无漏尚畢竟不
可得性非有故況有五眼有漏无漏增語及
六神通有漏无漏增語此增語既非有如何
可言即五眼若有漏若无漏增語是菩薩摩
訶薩即六神通若有漏若无漏增語是菩薩
摩訶薩善現汝復觀何義言即五眼若生若
滅增語非菩薩摩訶薩即六神通若生若滅

BD00592　大般若波羅蜜多經卷三二

滅增語非菩薩摩訶薩即六神通若生若滅
增語非菩薩摩訶薩耶世尊若五眼生滅若
六神通生滅尚畢竟不可得性非有故況有
五眼生滅增語及六神通生滅增語此增語
既非有如何可言即五眼若生若滅增語是
菩薩摩訶薩即六神通若生若滅增語是菩
薩摩訶薩善現汝復觀何義言即五眼若善
若非善增語非菩薩摩訶薩即六神通若善
若非善增語非菩薩摩訶薩耶世尊若五眼
善非善若六神通善非善尚畢竟不可得性
非有故況有五眼善非善增語及六神通善
非善增語此增語既非有如何可言即五眼
若善若非善增語是菩薩摩訶薩即六神通
若善若非善增語是菩薩摩訶薩善現汝復

觀何義言即五眼若有罪若无罪增語非菩
薩摩訶薩即六神通若有罪若无罪增語非
菩薩摩訶薩耶世尊若五眼有罪无罪若六
神通有罪无罪尚畢竟不可得性非有故況
有五眼有罪无罪增語及六神通有罪无罪
增語此增語既非有如何可言即五眼若有
罪若无罪增語是菩薩摩訶薩即六神通若
有罪若无罪增語是菩薩摩訶薩善現汝復
觀何義言即五眼若有煩惱若无煩惱增語
非菩薩摩訶薩即六神通若有煩惱若无煩
惱增語非菩薩摩訶薩耶世尊若五眼有煩
惱无煩惱若六神通有煩惱无煩惱尚畢竟
不可得性非有故況有五眼有煩惱无煩惱
增語及六神通有煩惱无煩惱增語此增語
既非有如何可言即五眼若有煩惱若无煩

增語及六神通有煩惱无煩惱增語此增語
既非有如何可言即五眼若有煩惱若无煩
惱增語是菩薩摩訶薩即六神通若有煩惱
若无煩惱增語是菩薩摩訶薩善現汝復觀
何義言即五眼若世間若出世間增語非菩
薩摩訶薩即六神通若世間若出世間增語
非菩薩摩訶薩耶世尊若五眼世間出世間
若六神通世間出世間尚畢竟不可得性非
有故况有五眼世間出世間增語及六神通
世間出世間增語此增語既非有如何可言
即五眼若世間若出世間增語是菩薩摩訶
薩即六神通若世間若出世間增語是菩薩
摩訶薩善現汝復觀何義言即五眼若雜染
若清淨增語非菩薩摩訶薩即六神通若雜
染若清淨增語非菩薩摩訶薩耶世尊若五

眼雜染清淨若六神通雜染清淨尚畢竟不
可得性非有故況有五眼雜染清淨增語及
六神通雜染清淨增語此增語既非有如何
可言即五眼若雜染若清淨增語是菩薩摩
訶薩即六神通若雜染若清淨增語是菩薩
摩訶薩善現汝復觀何義言即五眼若屬生
死若屬涅槃增語非菩薩摩訶薩即六神通
若屬生死若屬涅槃增語非菩薩摩訶薩耶
世尊若五眼屬生死屬涅槃若六神通屬生
死屬涅槃尚畢竟不可得性非有故況有五
眼屬生死屬涅槃增語及六神通屬生死屬
涅槃增語此增語既非有如何可言即五眼
若屬生死若屬涅槃增語是菩薩摩訶薩即
六神通若屬生死若屬涅槃增語是菩薩摩
訶薩善現汝復觀何義言即五眼若在內若

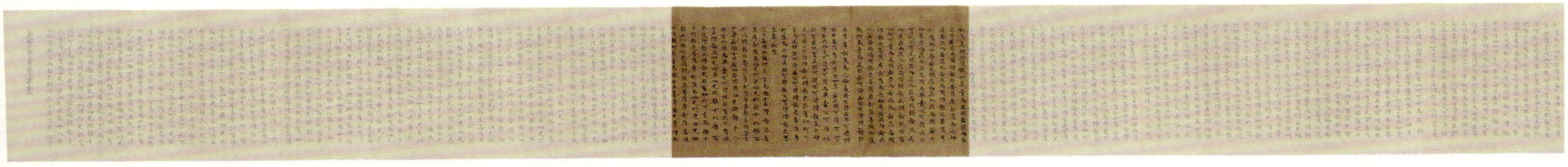

訶薩善現汝復觀何義言即五眼若在內若
在外若在兩間增語非菩薩摩訶薩即六神
通若在內若在外若在兩間增語非菩薩摩
訶薩耶世尊若五眼在內在外在兩間若六
神通在內在外在兩間尚畢竟不可得性非
有故況有五眼在內在外在兩間增語及六
神通在內在外在兩間增語此增語既非有
如何可言即五眼若在內若在外若在兩間
增語是菩薩摩訶薩即六神通若在內若在
外若在兩間增語是菩薩摩訶薩善現汝復
觀何義言即五眼若可得若不可得增語非
菩薩摩訶薩即六神通若可得若不可得增
語非菩薩摩訶薩耶世尊若五眼可得不可
得若六神通可得不可得尚畢竟不可得性

非有故況有五眼可得不可得增語及六神
通可得不可得增語此增語既非有如何可
言即五眼若可得若不可得增語是菩薩摩
訶薩即六神通若可得若不可得增語是菩
薩摩訶薩
復次善現汝觀何義言即佛十力增語非菩
薩摩訶薩即四无所畏四无礙解十八佛不
共法增語非菩薩摩訶薩耶具壽善現答言
世尊若佛十力若四無所畏四无礙解十八
佛不共法尚畢竟不可得性非有故況有佛
十力增語及四无所畏四无礙解十八佛不
共法增語此增語既非有如何可言即佛十
力增語是菩薩摩訶薩即四无所畏四无礙
解十八佛不共法增語是菩薩摩訶薩善現
汝復觀何義言即佛十力若常若无常增語

汝復觀何義言即佛十力善常若无常增語
非菩薩摩訶薩即四无所畏四无礙解十八
佛不共法若常若无常增語非菩薩摩訶薩
耶世尊若佛十力常无常若四无所畏四无
礙解十八佛不共法常无常尚畢竟不可得
性非有故況有佛十力常无常增語及四无
所畏四无礙解十八佛不共法常无常增語
此增語既非有如何可言即佛十力若常若
无常增語是菩薩摩訶薩即四无所畏四无
礙解十八佛不共法若常若无常增語是菩
薩摩訶薩善現汝復觀何義言即佛十力若
樂若苦增語非菩薩摩訶薩即四无所畏四
无礙解十八佛不共法若樂若苦增語非菩
薩摩訶薩耶世尊若佛十力樂苦若四无所

畏四无礙解十八佛不共法樂苦尚畢竟不
可得性非有故況有佛十力樂苦增語及四
无所畏四无礙解十八佛不共法樂苦增語
此增語既非有如何可言即佛十力若樂若
苦增語是菩薩摩訶薩即四无所畏四无礙
解十八佛不共法若樂若苦增語是菩薩摩
訶薩善現汝復觀何義言即佛十力若我若
无我增語非菩薩摩訶薩即四无所畏四无
礙解十八佛不共法若我若无我增語非菩
薩摩訶薩耶世尊若佛十力我无我若四无
所畏四无礙解十八佛不共法我无我尚畢
竟不可得性非有故況有佛十力我无我增
語及四无所畏四无礙解十八佛不共法我
无我增語此增語既非有如何可言即佛十
力若我若无我增語是菩薩摩訶薩即四无

力若我若无我增語是菩薩摩訶薩即四无
所畏四无礙解十八佛不共法若我若无我
增語是菩薩摩訶薩善現汝復觀何義言即
佛十力若淨若不淨增語非菩薩摩訶薩即
四无所畏四无礙解十八佛不共法若淨若
不淨增語非菩薩摩訶薩耶世尊若佛十力
淨不淨若四无所畏四无礙解十八佛不共
法淨不淨尚畢竟不可得性非有故況有佛
十力淨不淨增語及四无所畏四无礙解十
八佛不共法淨不淨增語此增語既非有如
何可言即佛十力若淨若不淨增語是菩薩
摩訶薩即四无所畏四无礙解十八佛不共
法若淨若不淨增語是菩薩摩訶薩善現汝
復觀何義言即佛十力若空若不空增語非

菩薩摩訶薩即四无所畏四无礙解十八佛
不共法若空若不空增語非菩薩摩訶薩耶
世尊若佛十力空不空若四无所畏四无礙
解十八佛不共法空不空尚畢竟不可得性
非有故況有佛十力空不空增語及四无所
畏四无礙解十八佛不共法空不空增語此
增語既非有如何可言即佛十力若空若不
空增語是菩薩摩訶薩即四无所畏四无礙
解十八佛不共法若空若不空增語是菩薩
摩訶薩善現汝復觀何義言即佛十力若有
相若无相增語非菩薩摩訶薩即四无所畏
四无礙解十八佛不共法若有相若无相增
語非菩薩摩訶薩耶世尊若佛十力有相无
相若四无所畏四无礙解十八佛不共法有
相无相尚畢竟不可得性非有故況有佛十

相无相尚畢竟不可得性非有故況有佛十
力有相无相增語及四无所畏四无礙解十
八佛不共法有相无相增語此增語既非有
如何可言即佛十力若有相若无相增語是
菩薩摩訶薩即四无所畏四无礙解十八佛
不共法若有相若无相增語是菩薩摩訶薩

大般若波羅蜜多經卷第三十二

BD00593　金剛三昧經

275.1cm × 29cm

理淨無可不心
行出入不二不住一相心无得
相雖不出家不住在家故雖无法服
自心无爲自恣而獲聖果不住二乘入菩薩道後當滿地成佛菩提
可思議如是之人非出家非不出家何以故入涅槃宅着如來衣坐菩提座如是之人乃
至沙門宜應敬養佛言如是何以故入涅槃宅心越三界着如來衣入法空處坐
菩提座登正覺一地如是之人心越二我何況沙門而不敬養大力菩薩言如彼一地
及與空海二乘之人爲不見也佛言如是彼二乘人味着三昧得三昧身於彼空海
一地如得酒病惛醉不星乃至數劫猶不得覺酒消始悟方脩是行後得佛身如
彼人者從捨闡提即入六行於行地所一念淨心決定明白金剛智力阿鞞跋致度脫
衆生善慈无盡大力菩薩言如是之人應不持戒於彼沙門應[illegible]爲說
說戒者不善慢故海彼浪故如彼心地八識海澄九識流淨風不能動波浪不起戒
性等空持者迷倒如彼之人七六不生諸集滅定不離三佛而發菩提三无相中順
心玄入深敬三寶不失威儀於彼沙門不无恭敬菩薩彼仁者不住世間動不動
法入三空聚滅三有心大力菩薩言彼仁者於果〃於已滿德佛如來藏佛形像佛
如是佛所而發菩提入三聚戒不住其相滅三界心不居寂地不捨可衆入不調地不可

如是佛所而發菩提入三聚戒不住其相滅三界心不居寂地不捨可衆入不調地不可
思議尒時舍利弗從坐而起前說偈言　具足波若海　不住涅槃城　如彼妙蓮華
高原非所出　諸佛无量劫　不捨諸煩惱　度世然後得　如泥華所出　如彼空地行　菩薩之所脩
如彼三空聚　菩提之真道　我今住不住　如佛之所說　來所還復來　具足然後出　復令諸衆生
如我一无二　前後來來者　悉令登正覺　尒時佛告舍利弗言不可思議汝當於後成菩
薩道无量衆生超死苦海　尒時大衆皆悟菩提諸小衆等入五空海
金剛三昧經真性空品第六　尒時舍利弗而白佛言尊者脩菩薩道无有名相三戒无
有名相三戒无儀云何攝受爲衆生說願佛慈悲爲我宣說佛言善男子汝今
諦聽爲汝宣說善男子善不善法從心化生一切境界意言分別制之一處衆緣斷
滅何以故善男子一本不起三用无施住於如理六道門杜四緣如順三戒具足舍利弗
言云何四緣如順三戒具足佛言四緣者一謂作擇滅力取緣攝律儀戒二謂本利
淨根力所集起緣攝善法戒三謂本慧大悲力緣攝衆生戒四謂一覺通智力
緣順於如住是謂四緣善男子如是四大緣力不住事相不无功用離於一處則不可求
善男子如是一事通攝六行是佛菩提薩婆若海舍利弗言不住事相不无功用是
法真空常樂我淨超於二我大般涅槃其心不繫是大力觀是觀覺中應具卅七道
品法佛言如是具卅七道品法何以故四念處四正勤四如意足五根五力七覺分八正道
等多名一義不一不異以名數故但字(名但)法不可得不得之法一義无文无文相義真實

等多名一義不一不異以名數故但字法不可得不得之法一義无文无文相義真實
空性空性之義如實如如如之理具一切法善男子住如理者過三苦海舍利弗言
一切万法皆悉言文言文之相即非為義如實之義不可言說今者如來云何說法
佛言我說法者以汝衆生在生說故說不可說是故說之我所說者義語非文
衆生說者文語非義非義語者皆悉空无空无之言无言於義不言義者皆是
妄語如義語者實空不空空實不實離於二相中間不中不中之法離於三
相不見處所如如如說如无无有无有於无如无有无无有於有有无不在說說不
在故不在於如如不有如不无如說舍利弗言一切衆生從一闡提闡提之心住何等
位得至如來實相佛言從闡提心乃至如來如來實相住等位一者信位信位
者信此身中真如種子為妄所翳捨離妄心淨心清白知諸境界意言分別二者
思位思者觀諸境界唯是意言意言分別隨意顯現所見境界非我本識
非法非義非所取非能取三者修位修者常起能起起同時先以智導排諸障
難出離蓋纏四者行位行者離諸行地心无取捨極淨根利不動心如決定實
性大般涅槃唯性空大五者捨位捨者不住性空正智流易大悲如相相不住
如三藐三菩提虛心不證心无邊際不見處所是至如來善男子五位一覺從本利入
若化衆生從其本處舍利弗言云何從其本處佛言本來无本處於无處空際入
實發菩提心而滿成聖道何以故善男子如手執彼空不得非不得舍利弗言如世尊

寶發菩提心而滿成聖道何以故善男子如手執彼空不得非不得舍利弗言如世尊
所說在事之先取以本利是念寂滅寂滅是如總持諸德該羅万法圓融不二不
可思議當知是法即是摩訶般若波羅蜜是大神呪是大明呪是无上呪是无等
等呪佛言如是如是真如空性性空智火燒滅諸結平等平等等覺三地妙
覺三身於九識中皎然明淨无有諸影善男子是法非因非緣智自用故非動非
靖用性空故義非有无空相空故善男子若化衆生令彼衆生觀入是義入是義
者是見如來舍利弗言如來義觀不住諸流應離四禪而超有頂佛言如是何以
故一切法名數四禪亦如是若見如來者如來心自在常在滅盡處不出亦不入
內外平等故善男子如彼諸禪觀皆為想定是如非復彼何以故以如觀如實
不見觀如相已寂滅寂滅即如義如彼想禪定是動非是動何以故禪性離諸
動非染所染非法非影離諸分別本義故善男子如是觀定乃名為禪舍利弗
言不可思議如來常以如實而化衆生如是實義多文廣義利根衆生乃可脩之鈍
根衆生難以措意云何方便令彼鈍根得入是諦佛言令彼鈍根受持一四句偈即
入實諦一切佛法攝在一偈中舍利弗言云何一四句偈願為說之於是尊者而
說偈言　因緣所生義　是義滅非生　滅諸生滅義　是義生非滅　尒時大衆聞說
是偈僉大歡喜皆得滅生滅生般若性空智海　金剛三昧經如來藏品第七
尒時梵行長者從本際起而白佛言尊者生義不滅滅義不生如是如義即佛

尒時梵行長者從本際起而白佛言尊者生義不滅滅義不生如是如義即佛
菩提菩提之性則无分別无分別智分別无窮无窮之相唯分別滅如是義相不可
思議不思議中乃无分別尊者一切數法无量无邊无邊法相一實義性唯住一住其事
云何佛言長者不可思議我說諸法爲迷者故方便道故一切法相一實義智
何以故譬如一市開四大門是四門中皆歸一市如彼衆庶隨意所入種種法味亦復如
是梵行長者言法若如是我住一味應攝一切諸味佛言如是如是何以故一味實義
如一大海一切衆流无有不入長者一切法味猶彼衆流名數雖殊其水不異若住大海
則括衆流住於一味則攝諸味梵行長者言諸法一味云何三乘道其智有異佛
言長者譬如江河淮海大小異故深淺殊故名文殊故水在江中名爲江水水在
淮中名爲淮水水在河中名爲河水俱在海中唯名海水法亦如是俱在真如唯名佛
道長者住一佛道即達三行梵行長者言云何三行佛言一隨事取行二隨識取
行三隨如取行長者如是三行總攝衆門一切法門无不此入入是行者不生空相如
是入者可謂入如來入如來者入不入梵行長者言不可思議入如來藏如苗成實无有入處
本根利力成得本得實際其智幾何佛言其智无窮略而言之其智有四
何者爲四一者定智所謂隨如二者不定智所謂方便破病三者涅槃智所謂除電
覺際四者究竟智所謂入實具道長者如是四大事用過去諸佛所說是大橋
梁是大津濟若化衆應用是智長者用是大用復有三大事一者於三三昧內

梁是大津濟若化衆應用是三長者用是大用深於三事一者於三三昧內
外不相奪二者於大義科隨道擇滅三者於如慧定以悲俱利如是三事成就
菩提不行是事則不能流彼四智為諸大魔所得其便長者汝等大衆乃至成
佛常當修習勿令暫失梵行長者言三三昧者所謂空三昧无作三昧无相三昧
如是三昧梵行長者言云何於大義科佛言大謂四大義謂陰界入等科謂本識是
謂於大義科梵行長者言不可思議如是智事自利利人過三界地不住涅槃入菩薩
道如是法相是生滅法以分別故若離分別法應不滅尒時如來欲宣此義而說偈言
法從分別生　還從分別滅　滅諸分別法　是法非生滅　尒時梵行長者聞說是偈
心大忻懌欲宣其義而說偈言　諸法本寂滅　寂滅亦无生　是諸生滅法　是法非无生
彼則不共此　為有斷常故　此則離於二　亦不在一住　若說法有一　是相如毛輪　如焰水迷倒
為諸虛妄故　若見於法无　是法同於空　如盲无日倒　說法如龜毛　我今聞佛說　知法非二見
亦不依中住　故從无住取　如來所說法　悉從於无住　我從无住處　是處礼如來　敬礼如來相
等空不動智　不著无處所　敬礼无住身　我於一切處　常見諸如來　唯願諸如來　為我說常法
尒時如來而作是言善男子汝等諦聽為汝衆等說於常法善男子常法非常
法非說亦非字非諦非解脫非无非境界離諸妄斷除是法非无常離諸常斷
見了見識為常是識常寂滅寂滅亦寂滅善男子知法寂滅者不寂滅心心常
寂滅得寂滅者心常真觀知諸名唯是癡心癡心分別分別諸法更无異事出於

寂滅得寂滅者心常真觀知諸名數唯是處〻心〻分〻別〻諸法異事亦如
名色知法如是不隨文語心〻於義不分別我知我假名即寂滅若得寂滅即得
阿耨多羅三藐三菩提尒時長者梵行聞說是語而說偈言　名相分別事
及法名為三　真如正妙智　及彼成於五　我今如是法　斷常之所繫　入於生滅道　是斷非是常
如來說空法　遠離於常斷　因緣无不生　不生故不滅　因緣執為有　如採空中華　猶取石女子
畢竟不可得　離諸因緣取　亦不從他滅　及於己義大　依如故得實　是故真如法　常自在如如
一切諸萬法　非如識所化　離識法即空　故從空處說　滅諸生滅法　而住於涅槃　大悲之所奪
涅槃滅不住　轉所取能取　入於如來藏　尒時大衆聞說是義皆得正命入於如來如來藏
海　金剛三昧經總持品第八　尒時地藏菩薩從衆中起至于佛前合掌胡跪而
白佛言尊者我觀大衆心有疑事猶未得決今者如來欲為除疑我今為衆除疑所
問願佛慈悲垂哀聽許佛言菩薩摩訶薩汝能如是救度衆生是大悲愍不可
思議汝廣問爲汝宣說地藏菩薩言一切諸法云何不緣生尒時如來欲宣此義而說
偈言　若法緣所生　離緣可无法　云何法性无　尒時地藏菩薩言法若无生云何說法法從
心生於是尊者而說偈言　是心所生法　是法能所生　是法能所生　如醉眼空華　是法然非彼
尒時地藏菩薩言法若如是法則无待无待之法應自成於是尊者而說偈言
法本无有无　自他亦復尒　不始亦不終　成敗則不信　尒時地藏菩薩言一切諸法相即本
涅槃及空相亦如是无如是等法是法應如佛言无如是法是法是如地藏菩薩言不

涅槃及變相亦如是无如是等法是法應如佛言无如是法是法是如地藏菩薩言不
可思議如是如相非共不共意取業取即皆空寂空寂心法俱不俱取亦應寂滅於
是尊者而說偈言　一切空寂法　是法寂不空　彼心不空時　是得心不有　尒時地藏菩
薩言是法非三諦色空心故滅是法本滅時是應是滅於是尊者而說偈言
法本无自性　由彼之所生　不於如是處　而有彼如是　尒時地藏菩薩言一切諸法无生无滅
云何不一於是尊者而說偈言　法住處无在　相數空故无　名說二與法　是則能所取
尒時地藏菩薩言一切諸法相不住於二岸亦不住中流心識亦如是云何諸境界
從識之所生若識能有生是識亦從生云何无生識能生有所生於是尊者而
說偈言　所生能生二　是二能所緣　俱本若各自无　取有空華幻　識生未生時　境不是時生
於境生未時　是時識亦滅　彼即本俱无　亦不有无有　无生識亦如是　云何境從有
尒時地藏菩薩言法相如是內外俱空境智二衆本來寂滅如來所說實相真空如
是之法即非集也佛言如是如是之法无色无住非所集非能集非義非大一本利
法深功德聚地藏菩薩不可思議不可思議聚七五不生八六寂滅九相空无有空
无有无空有无如尊所說法義皆空入空无行不失諸業无我我所能所身見
內外結使悉皆寂靜故願亦息如是理觀慧定真如尊者常說宜如空法即良藥
也佛言如是何以故空性无生心常无生空性无滅心常无滅空性无住心亦无
住空性无為心亦无為空无出入離諸得失界陰入等皆悉亦无心如不著亦復如

也俱如[illegible]
住空性无爲心亦无爲空无出入離諸得失界陰入等皆悉亦无心如不著亦復如
是菩薩我說諸空破諸有故地藏菩薩言尊者知有非實如陽炎水知實
非无如火性生如是觀者是人智也佛言如是何以故是人真觀一寂滅相與不相等
以空取以循空故不失見以見佛故不順三流於大乘中三解脫道一體无性以
其无性故空空故无相故无作无作故无求故无願以是業故淨心以心淨故見佛
故當生淨土菩薩於是深法三化勤循慧定圓成即超三界地藏菩薩言如來
所說无生无滅即是无常滅是生滅生滅滅已寂滅爲常常故不斷是不斷法
離諸三界動不動法於有爲法如避火坑依何等法而自呵責入彼一門佛言
菩薩於三大事呵責其心於三大諦而入其行地藏菩薩言云何三事而責
其心云何三諦而入一行佛言三大事者一謂因二謂果三謂識如是三事從本空无
非我真我云何於是而生愛染觀是三事爲繫所繫飄飄流苦海以如是事常自呵責
三諦者一謂菩提之道是平等諦非不平等諦二謂大覺正智得諦非邪智得
諦三謂慧定无異行入諦非離行入諦以是三諦而循佛道是人於是法无不得
正覺得正覺智流大極慈已他俱利成佛菩提地藏菩薩言尊者如是之法則无因
緣若无緣法因則不起云何不動法入如來尒時如來欲重宣此義而說偈言
一切諸法相　性空无不動　是法於是時　不於是時起　法无有異時　不於異時起　法无動不動

一切諸法相 性空无不動 是法於是時 不於是時起 法无有異時 不於異時起 法无動不動
性空故寂滅 性空寂滅時 是法是時現 離相故寂滅 寂住故不緣 是諸緣起法 是法緣不生
因緣生滅无 生滅性空寂 緣性能所緣 是緣本緣起 故法起非緣 緣无起亦尒 因緣所生法
是法是因緣 因緣生滅相 彼則无生滅 彼如真實相 本不於出沒 諸法於是時 自生於出沒
是故極淨本 本不因衆力 即於後得處 得得於本得 尒時地藏菩薩聞佛所說心地決然
時諸衆等无有疑者 知衆心已而說偈言 我知衆心疑 所以殷勤問 如來大慈善 分別无有餘
是諸二衆等 皆悉得明了 我今於了義 普化諸衆生 如佛之大悲 不捨於本願 故於一子地
而住於煩惱 尒時如來而告衆言 是菩薩者不可思議 恒以大慈拔衆生苦 若有衆生
持是經法 持是菩薩名 即不墮於惡趣 一切鄣難皆悉除滅 若有衆生无餘雜念
專念是經 如法脩習 尒時菩薩常作化身而為說法 擁護是人 終不暫捨 令是人
等速得阿耨多羅三藐三菩提 汝等菩薩若化衆生 皆令脩習如是大乘決定了義
尒時阿難從座而起 前白佛言 如來所說大乘福聚 決定斷結 无生覺利 不可思議
如是之法名為何經 受持是經得幾所福 願佛慈悲為我宣說 佛言善男子 是經
名者不可思議 過去諸佛之所護念 能入如來智海 若有衆生持是經者 則於一切經
中无所希求 是經典法總持衆法 攝諸經要 是諸經法法之繫宗 是經名者名攝大
乘經 又名金剛三昧 又名无量義宗 若有人受持是經典者 即名受持百千諸佛
如是功德 譬如虛空无有邊際 不可思議 我所囑累 唯是經典 阿難言 云何心行

如是功德譬如虛空无有邊際不可思議我所囑累唯是經典阿難言云何心行
云何人者受持是經佛言善男子受持是經者是人心无得失常脩梵行若於戲
論常樂靜心入於聚落心常在定若處居家不著三有是人現世有五種福一者衆所
尊敬二者身不橫夭三者辯荅邪論四者樂度衆生五者能入聖道如是人
者受持是經阿難言如彼人者度諸衆生得受供養不佛言如是人者能爲
衆生作大福田常行智慧權實俱演是四依僧於諸供養乃至頭目髓腦亦皆得
受何況衣食而不得受善男子如是人者汝知識是汝橋梁何況凡夫而不供
養阿難言於彼人所受持是經供養是人得幾所福佛言若復有人持以
滿城金銀而以布施不如如是所受持是經一四句偈供養是人善男子令諸衆
生持是經者心常在定不失本心若失本心當即懺悔懺悔之法是爲清涼阿難
言懺悔先罪不入於過去　佛言如是猶如暗室若遇明燈即滅矣善男子
無說悔先所有諸罪而以爲說入於過去阿難言云何名爲懺悔佛言依此經教
入真實觀一入觀時諸罪悉滅離諸惡趣當生淨土速成阿耨多羅三藐三
菩提佛說是經已尒時阿難及諸菩薩四部之衆皆大歡喜心得決定頂
礼佛足歡喜奉行

佛說金剛三昧經一卷

佛説金剛三昧經一卷

BD00594

金剛般若波羅蜜經

（後秦）鳩摩羅什 譯

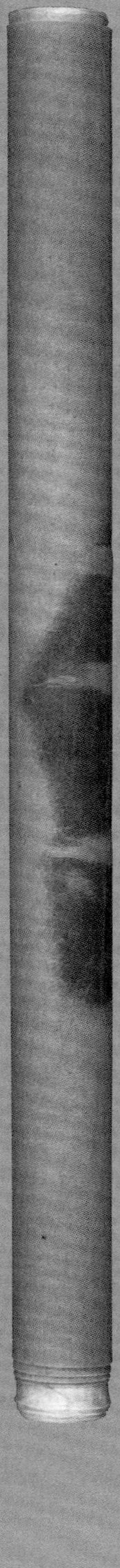

43.5cm × 27.5cm

身
相得見如來何以故如
說身相即非身相佛告須菩提凡所有相
是虛妄若見諸相非相則見如來
須菩提白佛言世尊頗有衆生得聞如是言
說章句生實信不佛告須菩提莫作是說如來
滅後後五百歲有持戒脩福者於此章句
能生信心以此為實當知是人不於一佛二
佛三四五佛而種善根已於无量千万佛所
種諸善根聞是章句乃至一念生淨信者須
菩提如來悉知悉見是諸衆生得如是无量
福德何以故是諸衆生无復我相人相衆生
相壽者相无法相亦无非法相何以故是諸
衆生若心取相則為著我人衆生壽者若取

法相即著我人衆生壽者何以故若取非法
相即著我人衆生壽者是故不應取法不應
取非法以是義故如來常說汝等比丘知我
說法如筏喻者法尚應捨何况非法
須菩提於意云何如來得阿耨多羅三藐三
菩提耶如來有所說法耶須菩提言如我解
佛所說義无有定法名阿耨多羅三藐三菩
提亦无有定法如來可說何以故如來所說法
皆不可取不可說非法非非法所以者何
一切賢聖皆以无為法而有差別
須菩提於意云何若人滿三千大千世界七
寶以用布施是人所得福德寧為多不須

BD00595

妙法蓮華經卷二

（後秦）鳩摩羅什 譯

101.4cm × 27.5cm

歡喜
實智中　我□□作佛　為天人所敬
□□諸菩薩
利弗吾今於天人沙門婆羅門
□我昔曾於二万億佛所為无上
□汝汝亦長夜隨我受學我以方
便引導汝故生我法中舍利弗我昔教汝志
願佛道汝今悉忘而便自謂已得滅度我今
還欲令汝憶念本願所行道故為諸聲聞説
是大乘經名妙法蓮華教菩薩法佛所護念
舍利弗汝於未来世過无量无邊不可思議
劫供養若干千万億佛奉持正法具足菩薩
所行之道當得作佛号曰華光如来應供正

遍知明行足善逝世間解无上士調御丈夫
天人師佛世尊國名離垢其土平正清淨嚴
飾安隱豐樂天人熾盛琉璃為地有八交道
黃金為繩以界其側其傍各有七寶行樹常
有華菓華光如來亦以三乘教化衆生舍利
弗彼佛出時雖非惡世以本願故說三乘法
其劫名大寶莊嚴何故名曰大寶莊嚴其國
中有菩薩為大寶故彼諸菩薩无量无邊不
可思議筭數譬喻所不能及非佛智力无能
知者若欲行時寶華承足此諸菩薩非初發
意皆久殖德本於无量百千万億佛所淨脩
梵行恒為諸佛之所稱嘆常脩佛慧具大神
通善知一切諸法之門質直无偽志念堅固
如是菩薩充滿其國舍利弗華光佛壽十二
小劫除為王子未作佛時其國人民壽八小劫

通善知一切諸法之門質直无偽志念堅固
如是菩薩充滿其國舍利弗華光佛壽十二
小劫除為王子未作佛時其國人民壽八小劫
華光如来過十二小劫授堅滿菩薩阿耨
多羅三藐三菩提記告諸比丘是堅滿菩薩
次當作佛号曰華足安行多陁阿伽度阿羅訶
三藐三佛陁其佛國土亦復如是舍利弗
是華光佛滅度之後正法住世三十二小劫
像法住世亦三十二小劫尒時世尊欲重宣此
義而説偈言
舍利弗来世　成佛普智尊　号名曰華光　當度无量衆
供養无數佛　具足菩薩行　十力等功德　證於无上道
過无量劫已　劫名大寳嚴　世界名離垢　清淨无瑕穢
以琉璃為地　金繩界其道　七寳雜色樹　常有華菓實
彼國諸菩薩　志念常堅固　神通波羅蜜　皆已悉具足

於无數佛所　善學菩薩道　如是等大士　華光佛所化
佛爲王子時　棄國捨世榮　於㝡末後身　出家成佛道
華光佛住世　壽十二小劫　其國人民衆　壽命八十劫
佛滅度之後　正法住於世　三十二小劫　廣度諸衆生
正法滅盡已　像法三十二
舍利廣流布　天人普供養　華光佛所爲　其事皆如是
其兩足聖尊　㝡勝无倫匹　彼即是汝身　宜應自欣慶

尒時四部衆比丘比丘尼優婆塞優婆夷天
龍夜叉乾闥婆阿脩羅迦樓羅緊那羅摩睺
羅伽等大衆見舍利弗於佛前受阿耨多羅
三藐三菩提記心大歡喜踊躍无量各各脫
身所著上衣以供養佛釋提桓因梵天王等與
无數天子亦以天妙衣天曼陁羅華摩訶曼
陁羅華等供養於佛所散天衣住虛空中
而自迴轉諸天伎樂百千萬種於虛空中一

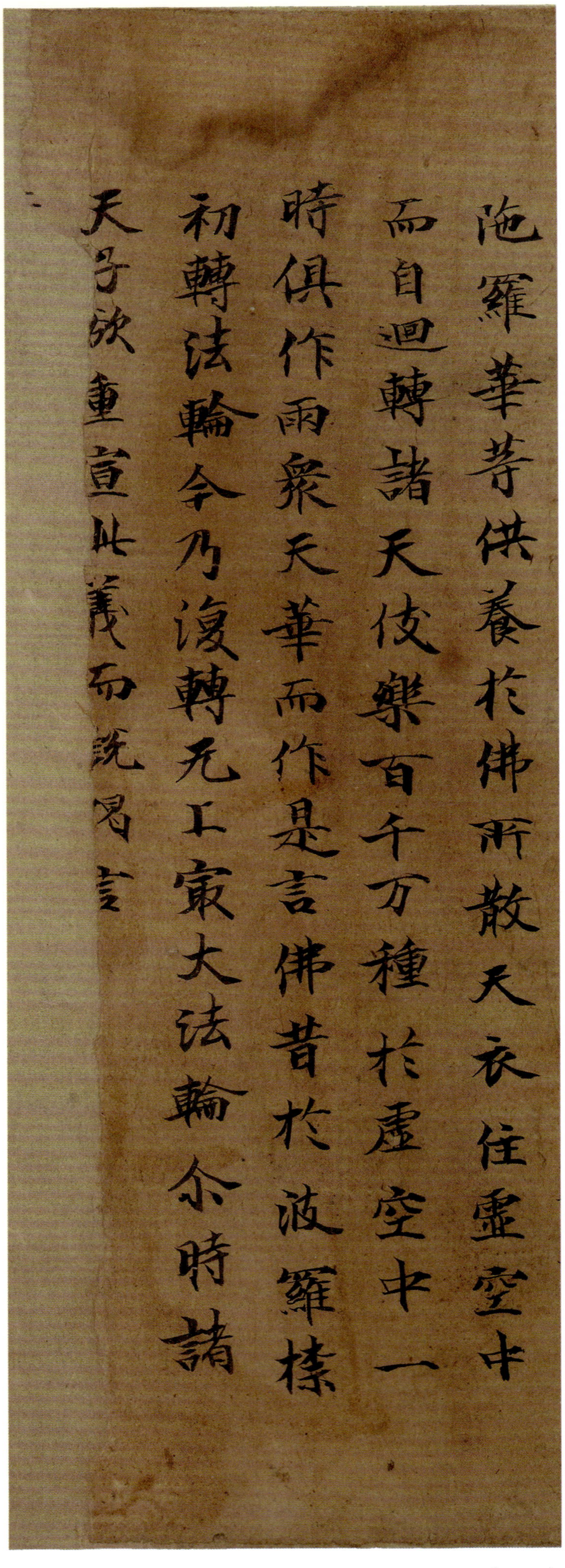

陁羅華等供養於佛所散天衣住虛空中
而自迴轉諸天伎樂百千万種於虛空中一
時俱作雨衆天華而作是言佛昔於波羅㮈
初轉法輪今乃復轉无上最大法輪尒時諸
天子欲重宣此義而說偈言

BD00596 妙法蓮華經卷二

（後秦）鳩摩羅什 譯

84.3cm × 27.8cm

知我等[illegible]樂於小法便見縱捨不爲分
別汝等當有如來知見寶藏之分世尊以方
便力說如來智慧我等從佛得涅槃一日之
價以爲大得於此大乘无有志求我等又因
如來智慧爲諸菩薩開示演說而自於此无有
志願所以者何佛知我等心樂小法以方便力隨
我等說而我等不知真是佛子今我等方知世
尊於佛智慧无所悋惜所以者何我等昔來
真是佛子而但樂小法若我等有樂大之心
佛則爲我說大乘法於此經中唯說一乘而
昔於菩薩前毀呰聲聞樂小法者然佛實以大
乘教化是故我等說本无有心有所悕求今
法王大寶自然而至如佛子所應得者皆以得
之尒時摩訶迦葉欲重宣此義而說偈言

我等今日 聞佛音教 歡喜踊躍 得未曾有
佛說聲聞 當得作佛 无上寶聚 不求自得
譬如童子 幼稚无識 捨父逃逝 遠到他土
周流諸國 五十餘年 其父憂念 四方推求
求之既疲 頓止一城 造立舍宅 五欲自娛
其家巨富 多諸金銀 車璖馬瑙 真珠琉璃
為馬牛羊 輦轝車乘 田業僮僕 人民衆多
出入息利 乃遍他國 商估價人 无處不有
千万億衆 圍遶恭敬 常為王者 之所愛念
羣臣豪族 皆共宗重 以諸緣故 往來者衆
豪富如是 有大力勢 而年朽邁 益憂念子
夙夜惟念 死時將至 癡子捨我 五十餘年
庫藏諸物 當如之何 尔時窮子 求索衣食
從邑至邑 從國至國 或有所得 或无所得

[illegible]
從邑至邑　從國至國　或有所得　或无所得
飢餓羸瘦　體生瘡癬　漸次經歷　到父住城
傭賃展轉　遂至父舍　爾時長者　於其門內
施大寶帳　處師子座　眷屬圍遶　諸人侍衛
或有計筭　金銀寶物　出內財產　注記券疏
窮子見父　豪貴尊嚴　謂是國王　若是王等
驚怖自恠　何故至此　覆自念言　我若久住
或見逼迫　強駈使作　思惟是已　馳走而去
借問貧里　欲往傭作　長者是時　在師子座
遙見其子　嘿而識之　即勅使者　追捉將來
窮子驚喚　迷悶躃地　是人執我　必當見煞
何用衣食　使我至此　長者知子　愚癡狹劣
不信我言　不信是父　即以方便　更遣餘人
眇目矬陋　无威德者　汝可語之　云當相雇

除諸糞穢　倍與汝價　窮子聞之　歡喜隨來
爲除糞穢　淨諸房舍　長者於牖　常見其子
念子愚劣　樂爲鄙事　於是長者　著弊垢衣
執持糞器　往到子所　方便附近　語令勤作
既益汝價　并塗足油　飲食充足　薦席厚煖
如是苦言　汝當勤作　又以軟語　若如我子
長者有智　漸令入出　經二十年　執作家事
示其金銀　真珠頗梨　諸物出入　皆使令知

BD00597-1　咒魅經

BD00597-2　入楞伽經陀羅尼鈔（擬）

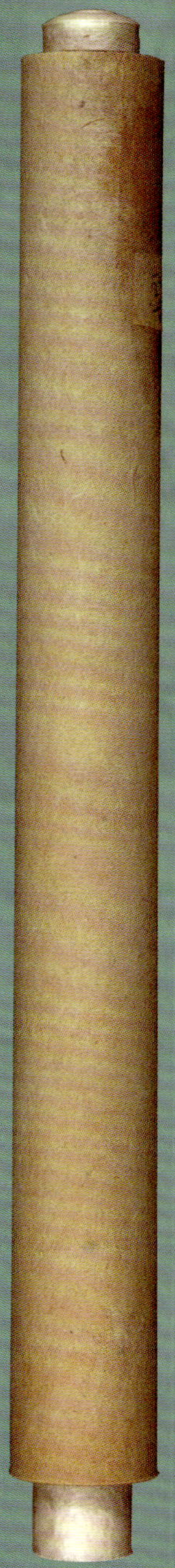

184.4cm × 25.4cm

頭破作七
来呪魅人頭破
華光菩薩来呪魅
杖今當請月明菩薩来呪魅人頭破
如阿梨樹杖今當請交光菩薩来呪魅人頭
破作七分如阿梨樹杖今當請龍光菩薩来
呪魅人頭破作七分如阿梨樹杖今當請明
星菩薩来呪魅人頭破作七分如阿梨樹杖
今當請千陽菩薩来呪魅人頭破作七分如
阿梨樹杖今當請方力菩薩来呪魅人頭破
作七分如阿梨樹杖今當請普明菩薩来呪
魅人頭破作七分如阿梨樹杖今當請天明
菩薩来呪魅人頭破作七分如阿梨樹杖今

當請日光菩薩来呪魅人頭破作七分如向
梨樹枝令當請轉光菩薩来呪魅人頭破作
七分如向梨樹枝令當請轉輪菩薩来呪魅
人頭破作七分如阿梨樹枝令當請向光菩
薩来呪魅人頭破作七分如向梨樹枝令當
請日中菩薩来呪魅人頭破作七分如向梨
樹枝令當請大明菩薩来呪魅人頭破作七
分如阿梨樹枝令當請同光菩薩来呪魅人
頭破作七分如阿梨樹枝令當請連光菩薩
来呪魅人頭破作七分如向梨樹枝令當請
建立菩薩来呪魅人頭破作七分如向梨樹
枝令當請樹王菩薩来呪魅人頭破作七分
如阿梨樹枝令當請龍天菩薩来呪魅人頭破
作七分如向梨樹枝令當請地動菩薩来呪
魅人頭破作七分如可梨樹枝

作□分如阿梨樹枝今當請東[illegible]
魅人頭破作七分如阿梨樹枝
今當請東方青帝神王来呪魅人不得停心
今當請南方赤帝神王来呪魅人不得停止
今當請西方白帝神王来呪魅人不得停止
今當請北方黑帝神王来呪魅人不得停止
今當請中央黄帝神王来呪魅人不得停止
今當請呼取日月五星廿八宿来攝魅人不
得停止急去千里
東方大獸来食魅人身南方蜈蚣来食魅人
眼西方白象来食魅人頭北方沈鳥来食魅
人心中央黄龍来食魅人神吾見魅人眼目
角張或作昌狂精神不定不似人形或在人
門前或在人屋裏或碓磨上或在人田地間
兆不上或正月□日或正月十五日或寺節

會之日或燒其脂大呪咀不止吾知汝姓字
得汝姓名不得久停急去他方若出亶亖頭
破作七分如何[illegible]樹枝若立倒地頭破作七
分如阿梨樹枝或顛或喜生口赤舌菩薩呪
令消滅急去千里万里之外呪不得停留即
說陁羅尼呪
毗摩陁勒叉　背毗陁伽勒叉　檐油毗陁伽勒叉
壞佉提勒叉　背摩陁刹遮帝　能婆莎河
若有善男子善女人受持此呪當用淨水漆
豆淳灰楊枝以自清淨燒香說呪病者三七
遍如是七日日三時鬼魅逃走不敢迴視病
者即愈
尒時世尊言我今告十方衆生等吾今語汝
一切衆生令為善男子善女人說呪魅經時
有十方諸佛過去七佛十六王子佛天上諸

BD00597-1　咒魅經

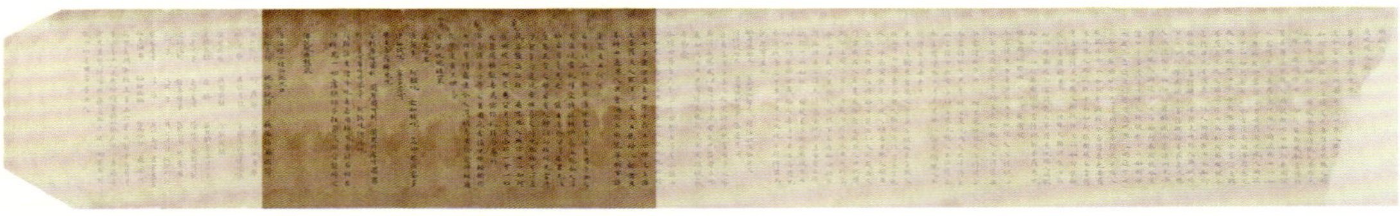

有十方諸佛過去七佛十六王子佛天上諸
大菩薩天人羅漢　天大王龍神八部諸天
善神四道果人共會須弥山頭龍華樹下評
量衆生云何可度

若有比丘比丘尼優婆塞優婆夷男子女人
有能燒香礼拜受持此經供養不絶令人得
福若有憂患之人能生善念皆得離苦无復
憂患天堂之樂若有人轉讀此經時先當清
淨潔身行道燒香供養受持呪魅經可得度
脫若能誦此經　遍呪魅人頭作七分如阿
梨樹枝一切衆惡皆悉消滅尒時一會一切
大衆聞經歡喜為佛作礼持念奉行

佛告諸弟子等　右有困厄者誦呪魅經顛作
七日身寺齋法令人得福患若除愈轉經遍

訖早造齋三供養

佛說呪魅經一卷

病鬼呪名

須蜜多　阿膩吒　迦知膩吒　烏呼那須蜜多

伊知膩吒　蜜多莎呵

藥王菩薩縛鬼呪

婆利摩呵婆利　闍摩闍呵利　闍羅利摩呵闍羅

利　憂呵牟呵沙婆帝　阿抶吒僧吟吒

從頭誦至僧吟吒止若用縛鬼香鑪右相非

但縛鬼一切虎狼師子狂象及賊皆能縛之

佛說呪魅經一卷

讀誦楞伽經而說呪曰

覓諦覓諦　祝諦祝諦　蘇頗諦蘇頗諦

BD00597-1　咒魅經　BD00597-2　入楞伽經陀羅尼鈔（擬）

皃諦皃諦　祝諦祝諦　蘇頗諦蘇頗諦
迦詃迦吓　阿摩梨　阿摩諦毗摩梨
毗摩梨　尼弥尼弥　奚弥奚弥婆迷婆迷
歌梨歌梨　歌羅歌梨　阿齎摩齎
遮齎皃齎　讓齎　蘇弗齎蒀弟蒀弟
波弟波弟　奚咪奚咪　地咪地咪　羅制羅制
波制波制　盤弟槃弟　阿制弥制　竹茶梨
皃茶弟　波羅弟　遏計遏計　斫計斫計
梨黎犀咪　犀咪　奚咪奚咪　晝晝晝晝
柚畜柚畜　紬紬紬紬　除除除除　蘇婆呵
此呪出楞伽經五章品六卷成部者若有善
男子善女人為惡神擾害轉此陁尼呪一百遍是
諸惡鬼驚怖啼哭疾走而去遮一切諸羅刹
護一切善男子善女人

BD00597-2　入楞伽經陀羅尼鈔（擬）

BD00598 妙法蓮華經卷五

（後秦）鳩摩羅什 譯

932.6cm × 26.2cm

[illegible] 著新淨衣 內外俱淨
安處法座 隨問為說
若有比丘 及比丘尼 諸優婆塞 及優婆夷
國王王子 群臣士民 以微妙義 和顏為說
若有難問 隨義而荅 因緣譬喻 敷演分別
以是方便 皆使發心 漸漸增益 入於佛道
除懶惰意 及懈怠想 離諸憂惱 慈心說法
晝夜常說 无上道教 以諸因緣 无量譬喻
開示衆生 咸令歡喜
衣服卧具 飲食醫藥 而於其中 无所希望
但一心念 說法因緣 願成佛道 令衆亦尒
是則大利 安樂供養
我滅度後 若有比丘 能演說斯 妙法華經
心无嫉恚 諸惱障閡 亦无憂愁 及罵詈者

又无怖畏　加刀杖等　亦无儐出　安住忍故
智者如是　善脩其心　能住安樂　如我上說
其人功德　千万億劫　筭數譬喻　說不能盡
又文殊師利菩薩摩訶薩扵後末世法欲
滅時受持讀誦斯經典者无懷嫉妬謟誑之
心亦勿輕罵學佛道者求其長短若比丘比
丘尼優婆塞優婆夷求聲聞者求辟支佛者
求菩薩道者无得惱之令其疑悔語其人言
汝等去道甚遠終不能得一切種智所以者
何汝是放逸之人扵道懈怠故又亦不應戲論
諸法有所諍競當扵一切衆生起大悲想扵
諸如来起慈父想扵諸菩薩起大師想扵十
方諸大菩薩常應深心恭敬禮拜扵一切衆
生平等說法以順法故不多不少乃至深愛
法者亦不為多說文殊師利是菩薩摩訶薩
扵後末世法欲滅時有成就是第三安樂行

法者亦不為多說文殊師利是菩薩摩訶薩
於後末世法欲滅時有成就是第三安樂行
者說是法時无能惱亂得好同學共讀誦是
經亦得大衆而来聽受聽已能持持已能誦
誦已能說說已能書若使人書供養經卷恭
敬尊重讚嘆尒時世尊欲重宣此義而說偈
言
若欲說是經　當捨嫉恚慢　諂誑耶僞心　常脩質直行
不輕蔑於人　亦不戲論法　不令他疑悔　云汝不得佛
是佛子說法　常柔和能忍　慈悲於一切　不生懈怠心
十方大菩薩　愍衆故行道　應生恭敬心　是則我大師
於諸佛世尊　生无上父想　破於憍慢心　說法无障礙
第三法如是　智者應守護　一心安樂行　无量衆所敬
又文殊師利菩薩摩訶薩於後末世法欲滅
時有持是法華經者於在家出家人中生大
慈心於非菩薩人中生大悲心應作是念如

是之人則爲大失如來方便隨宜說法不聞
不知不覺不問不信不解其人雖不問不信
不解是經我得阿耨多羅三藐三菩提時隨
在何地以神通力智慧力引之令得住是法
中文殊師利是菩薩摩訶薩於如來滅後有
成就此第四法者說是法時无有過失常爲
比丘比丘尼優婆塞優婆夷國王王子大臣
人民婆羅門居士等供養恭敬尊重讚嘆虛
空諸天爲聽法故亦常隨侍若在聚落城邑
空閑林中有人來欲難問者諸天晝夜常爲
法故而衛護之能令聽者皆得歡喜所以者
何此經是一切過去未來現在諸佛神力所
護故文殊師利是法華經於无量國中乃至
名字不可得聞何況得見受持讀誦文殊師
利譬如強力轉輪聖王欲以威勢降伏諸國

利譬如强力轉輪聖王欲以威勢降伏諸國
而諸小王不順其命時轉輪王起種種兵而
往討罰王見兵衆戰有功者即大歡喜隨
功賞賜或與田宅聚落城邑或與衣服嚴身
之具或與種種珎寳金銀琉璃車𤦲馬瑙
珊瑚琥珀象馬車乘奴婢人民唯髻中明珠
不以與之所以者何獨王頂上有此一珠若
以與之王諸眷屬必大驚恠文殊師利如来
亦復如是以禪定智慧力得法國土王於三界
而諸魔王不肯順伏如来賢聖諸將與之共
戰其有功者心亦歡喜於四衆中為説諸經
令其心悦賜以禪定解脱无漏根力諸法之
財又復賜與涅槃之城言得滅度引導其心
令皆歡喜而不為説是法華經文殊師利如
轉輪王見諸兵衆有大功者心甚歡喜以此

難信之珠久在髻中不妄與人而今與之如来
亦復如是於三界中為大法王以法教化一
切衆生見賢聖軍與五陰魔煩惱魔死魔共
戰有大功勳滅三毒出三界破魔網尒時如
来亦大歡喜此法華經能令衆生至一切智
一切世間多怨難信先所未說而今說之文
殊師利此法華經是諸如来第一之說於諸
說中㝡為甚深末後賜與如彼强力之王久
護明珠今乃與之文殊師利此法華經諸佛
如来秘密之藏於諸經中㝡在其上長夜守
護不妄宣說始於今日乃與汝等而敷演之尒
時世尊欲重宣此義而說偈言
常行忍辱　哀愍一切　乃能演說　佛所讚經
後末世時　持此經者　於家出家　及非菩薩
應生慈悲　斯等不聞　不信是經　則為大失
我得佛道　以諸方便　為說此法　令住其中

應生慈悲　斯等不聞　不信是經　則為大失
我得佛道　以諸方便　為說此法　令住其中
譬如强力　轉輪之王　兵戰有功　賞賜諸物
象馬車乘　嚴身之具　及諸田宅　聚落城邑
或與衣服　種種珎寶　奴婢財物　歡喜賜與
如有勇健　能為難事　王解髻中　明珠賜之
如來亦尒　為諸法王　忍辱大力　智慧寶藏
以大慈悲　如法化世　見一切人　受諸苦惱
欲求解脫　與諸魔戰　為是衆生　說種種法
以大方便　說此諸經　既知衆生　得其力已
末後乃為　說是法華　如王解髻　明珠與之
此經為尊　衆經中上　我常守護　不妄開示
今正是時　為汝等說
我滅度後　求佛道者　欲得安隱　演說斯經
應當親近　如是四法　讀是經者　常无憂惱
又无病痛　顔色鮮白　不生貧窮　卑賤醜陋

衆生樂見　如慕賢聖　天諸童子　以為給使
刀杖不加　毒不能害　若人惡罵　口則閉塞
遊行无畏　如師子王　智慧光明　如日之照
若於夢中　但見妙事　見諸如來　坐師子座
諸比丘衆　圍遶說法　又見龍神　阿脩羅等
數如恒沙　恭敬合掌　自見其身　而為說法
又見諸佛　身相金色　放无量光　照於一切
以梵音聲　演說諸法　佛為四衆　說无上法
見身處中　合掌讚佛　聞法歡喜　而為供養
得陀羅尼　證不退智　佛知其心　深入佛道
即為授記　成最正覺　汝善男子　當於來世
得无量智　佛之大道　國土嚴淨　廣大无比
亦有四衆　合掌聽法　又見自身　在山林中
脩習善法　證諸實相　深入禪定　見十方佛
諸佛身金色　百福相莊嚴　聞法為人說　常有是好夢

諸佛身金色　百福相莊嚴　聞法為人說　常有是好夢
又夢作國王　捨宮殿眷屬　及上妙五欲　行詣於道場
在菩提樹下　而處師子座　求道過七日　得諸佛之智
成无上道已　起而轉法輪　為四衆說法　經千万億劫
說无漏妙法　度无量衆生　後當入涅槃　如烟盡燈滅
若後惡世中　說是第一法　是人得大利　如上諸功德

妙法蓮華經從地踊出品第十五

尒時他方國土諸來菩薩摩訶薩過八恒河沙數於大衆中起立合掌作礼而白佛言世尊若聽我等於佛滅後在此娑婆世界勤加精進護持讀誦書寫供養是經典者當於此土而廣說之尒時佛告諸菩薩摩訶薩衆止善男子不須汝等護持此經所以者何我娑婆世界自有六万恒河沙等菩薩摩訶薩一一菩薩各有六万恒河沙眷屬是諸人等能

於我滅後護持讀誦廣說此經佛說是時娑
婆世界三千大千國土地皆震裂而於其中
有无量千万億菩薩摩訶薩同時踊出是諸
菩薩身皆金色三十二相无量光明先盡在
此娑婆世界之下此界虛空中是諸菩薩
聞釋迦牟尼佛所說音聲從下發来一一菩
薩皆是大衆唱導之首各將六万恒河沙眷
屬況將五万四万三万二万一万恒河沙等
眷屬者況復乃至一恒河沙半恒河沙四分
之一乃至千万億那由他分之一況復千万
億那由他眷屬況復億万眷屬況復千万百
万乃至一万況復一千一百乃至一十況復
將五四三二一弟子者況復單己樂遠離行
如是等比无量无邊筭數譬喻所不能知是
諸菩薩從地出已各詣虛空七寶妙塔多寶

如是等比无量无邊筭數譬喻所不能知
諸菩薩從地出已各詣虛空七寶妙塔多寶
如來釋迦牟尼佛所到已向二世尊頭面礼
足及至諸寶樹下師子座上佛所亦皆作礼
右遶三匝合掌恭敬以諸菩薩種種讚法而
以讚歎住在一面欣樂瞻仰於二世尊是諸
菩薩摩訶薩從初踊出以諸菩薩種種讚法
而讚於佛如是時間逕五十小劫是時釋迦
牟尼佛默然而坐及諸四衆亦皆默然五十
小劫佛神力故令諸大衆謂如半日尒時四
衆亦以佛神力故見諸菩薩遍滿无量百千
万億國土虛空是菩薩衆中有四導師一名
上行二名无邊行三名淨行四名安立行是
四菩薩於其衆中最為上首唱導之師在大
衆前各共合掌觀釋迦牟尼佛而問訊言世
尊少病少惱安樂行不所應度者受教易不

不令世尊生疲勞耶尒時四大菩薩而說偈
言
世尊安樂 少病少惱 教化衆生 得无疲惓
又諸衆生 受化易不 不令世尊 生疲勞耶
尒時世尊於菩薩大衆中而作是言如是如
是諸善男子如來安樂少病少惱諸衆生等
易可化度无有勞疲所以者何是諸衆生世
世已來常受我化亦於過去諸佛供養尊重
種諸善根此諸衆生始見我身聞我所說即
皆信受入如來慧除先脩習學小乘者如是
之人我今亦令得聞是經入於佛慧尒時諸
大菩薩而說偈言
善哉善哉 大雄世尊 諸衆生等 易可化度
能問諸佛 甚深智慧 聞已信行 我等隨喜
於時世尊讚歎上首諸大菩薩善哉善哉善

於時世尊讚嘆上首諸大菩薩善哉善哉善
男子汝等能於如來發隨喜心尒時弥勒菩
薩及八千恒河沙諸菩薩衆皆作是念我等
從昔已來不見不聞如是大菩薩摩訶薩衆
從地踊出住世尊前合掌供養問訊如來時
弥勒菩薩摩訶薩知八千恒河沙諸菩薩等
心之所念并欲自決所疑合掌向佛以偈問
曰

无量千万億　大衆諸菩薩　昔所未曾見　願兩足尊說
是從何所來　以何因緣集　巨身大神通　智慧叵思議
其志念堅固　有大忍辱力　衆生所樂見　爲從何所來
一一諸菩薩　所將諸眷屬　其數无有量　如恒河沙等
或有大菩薩　將六万恒沙　如是諸大衆　一心求佛道
是諸大師等　六万恒河沙　俱來供養佛　及護持是經
將五万恒沙　其數過於是　四万及三万　二万至一万

一千一百等 乃至一恒沙 半及三四分 億万分之一
千万那由他 万億諸弟子 乃至於半億 其數復過上
百万至一万 一千及一百 五十與一十 乃至三二一
單己无眷屬 樂於獨處者 俱来至佛所 其數轉過上
如是諸大衆 若人行籌數 過於恒沙劫 猶不能盡知
是諸大威德 精進菩薩道 誰為其說法 教化而成就
從誰初發心 稱揚何佛法 受持行誰經 修習何佛道
如是諸菩薩 神通大智力 四方地震裂 皆從中踊出
世尊我昔来 未曾見是事 願說其所從 國土之名号
我常遊諸國 未曾見是衆
我於此衆中 乃不識一人 忽然從地出 願說其因緣
今此之大會 无量百千億 是諸菩薩等 皆欲知此事
是諸菩薩衆 本末之因緣 无量德世尊 唯願決衆疑
尒時釋迦牟尼佛分身諸佛從无量千万億
他方國土来者在於八方諸寶樹下師子座上

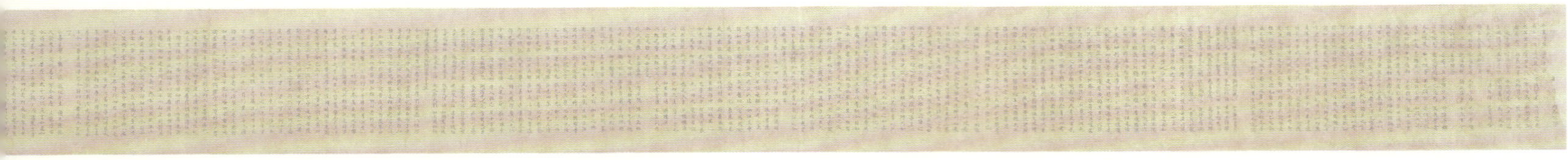

[illegible]
他方國土來者在於八方諸寶樹下師子座上
結跏趺坐其佛侍者各各見是菩薩大眾於三
千大千世界四方從地踊出住於虛空各白
其佛言世尊此諸无量无邊阿僧祇菩薩大
眾從何所來尒時諸佛各告侍者諸善男子
且待須臾有菩薩摩訶薩名曰弥勒釋迦
牟尼佛之所授記次後作佛已問斯事佛今
荅之汝等自當因是得聞尒時釋迦牟尼佛
告弥勒菩薩善哉善哉阿逸多乃能問佛如
是大事汝等當共一心被精進鎧發堅固意
如來今欲顯發宣示諸佛智慧諸佛自在神
通之力諸佛師子奮迅之力諸佛威猛大勢
之力尒時世尊欲重宣此義而說偈言
當精進一心　我欲說此事　勿得有疑悔　佛智叵思議
汝今出信力　住於忍善中　昔所未聞法　今皆當得聞

我今安慰汝　勿得懷疑懼　佛无不實語　智慧不可量
所得苐一法　甚深叵分別　如是今當說　汝等一心聽
尒時世尊說此偈已告弥勒菩薩我今於此
大衆宣告汝等阿逸多是諸大菩薩摩訶薩
无量无數阿僧祇從地踊出汝等昔所未見
者我於是娑婆世界得阿耨多羅三藐三菩
提已教化示導是諸菩薩調伏其心令發道
意此諸菩薩皆於是娑婆世界之下此界虛
空中住於諸經典讀誦通利思惟分別正憶
念阿逸多是諸善男子等不樂在衆多有所
說常樂靜處勤行精進未曾休息亦不依止
人天而住常樂深智无有鄣㝵亦常樂於諸
佛之法一心精進求无上慧尒時世尊欲重
宣此義而說偈言
阿逸汝當知　是諸大菩薩　從无數劫來　脩習佛智慧

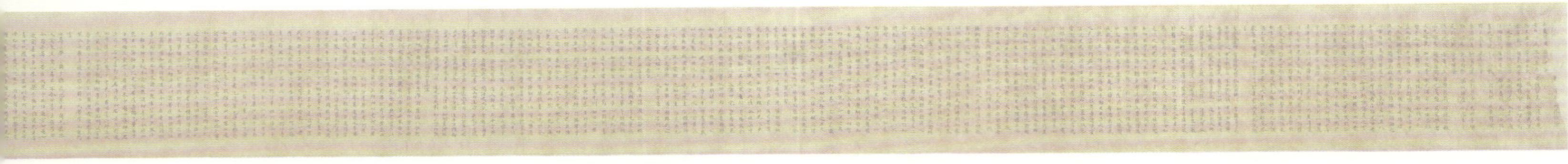

宣此義而說偈言
阿逸汝當知　是諸大菩薩　從无數劫來　修習佛智慧
悉是我所化　令發大道心　此等是我子　依止是世界
常行頭陁事　志樂於靜處　捨大衆憒閙　不樂多所說
如是諸子等　學習我道法　晝夜常精進　為求佛道故
在娑婆世界　下方空中住
志念力堅固　常勤求智慧　說種種妙法　其心无所畏
我於伽耶城　菩提樹下坐　得成最正覺　轉无上法輪
尒乃教化之　令初發道心　今皆住不退　悉當得成佛
我今說實語　汝等一心信　我從久遠來　教化是等衆
尒時弥勒菩薩摩訶薩及无數諸菩薩等心
生疑惑怪未曾有而作是念云何世尊於少
時間教化如是无量无邊阿僧祇諸大菩薩
令住阿耨多羅三藐三菩提即白佛言世尊
如來為太子時出於釋宮去伽耶城不遠
坐於道場得成阿耨多羅三藐三菩提從是

以来始過四十餘年世尊云何於此少時大
作佛事以佛勢力以佛功德教化如是无量
大菩薩衆當成阿耨多羅三藐三菩提世尊
此大菩薩衆假使有人於千万億劫數不能
盡不得其邊斯等久遠以来於无量无邊諸
佛所殖諸善根成就菩薩道常脩梵行世尊
如此之事世所難信譬如有人色美髮黑年
二十五指百歲人言是我子其百歲人亦指
年少言是我父生育我等是事難信佛亦如
是得道已来其實未久而此大衆諸菩薩等
已於无量千万億劫為佛道故勤行精進善
入出住无量百千万億三昧得大神通久脩
梵行善能次第習諸善法巧於問荅人中之
寶一切世間甚為希有今日世尊方云得佛
道時初令發心教化示導令向阿耨多羅三

道時初令發心教化示導令向阿耨多羅三
藐三菩提世尊得佛未久乃能作此大功德
事我等雖復信佛隨宜所說佛所出言未曾
虛妄佛所知者皆悉通達然諸新發意菩薩
於佛滅後若聞是語或不信受而起破法罪
業因緣唯然世尊願為解說除我等疑及未
來世諸善男子聞此事已亦不疑尒時彌勒
菩薩欲重宣此義而說偈言
佛昔從釋種　出家近伽耶　坐於菩提樹　尒來尚未久
此諸佛子等　其數不可量　久已行佛道　住神通智力
善學菩薩道　不染世間法　如蓮華在水　從地而踊出
皆起恭敬心　住於世尊前　是事難思議　云何而可信
佛得道甚近　所成就甚多　願為除衆疑　如實分別說
譬如少壯人　年始二十五　示人百歲子　髮白而面皺
是等我所生　子亦說是父　父少而子老　舉世所不信

世尊亦如是　得道來甚近　是諸菩薩等　志固无怯弱
從无量劫來　而行菩薩道　巧於難問答　其心无所畏
忍辱心決定　端政有威德　十方佛所讚　善能分別說
不樂在人衆　常好在禪定　為求佛道故　於下空中住
我等從佛聞　於此事无疑　願佛為未來　演說令開解
若有於此經　生疑不信者　即當墮惡道　願今為解說
是无量菩薩　云何於少時　教化令發心　而住不退地

妙法蓮華經如來壽量品第十六

尒時佛告諸菩薩及一切大衆諸善男子汝
等當信解如來誠諦之語復告大衆汝等當
信解如來誠諦之語又復告諸大衆汝等當
信解如來誠諦之語是時菩薩大衆彌勒為
首合掌白佛言世尊唯願說之我等當信受
佛語如是三白已復言唯願說之我等當信
受佛語尒時世尊知諸菩薩三請不止而告

願說之我等當信
受佛語尒時世尊知諸菩薩三請不止而告
之言汝等諦聽如来秘密神通之力一切世間
天人及阿脩羅皆謂今釋迦牟尼佛出釋氏
宮去伽耶城不遠坐扵道場得阿耨多羅三
藐三菩提然善男子我實成佛已来无量无
邊百千万億那由他劫譬如五百千万億那
由他阿僧祇三千大千世界假使有人末為
微塵過扵東方五百千万億那由他阿僧祇
國乃下一塵如是東行盡是微塵諸善男
子扵意云何是諸世界可得思惟校計知其
數不弥勒菩薩等俱白佛言世尊是諸世界
无量无邊非筭數所知亦非心力所及一切
聲聞辟支佛以无漏智不能思惟知其限數
我等住阿惟越致地扵是事中亦所不達世尊
如是諸世界无量无邊尒時佛告大菩薩衆

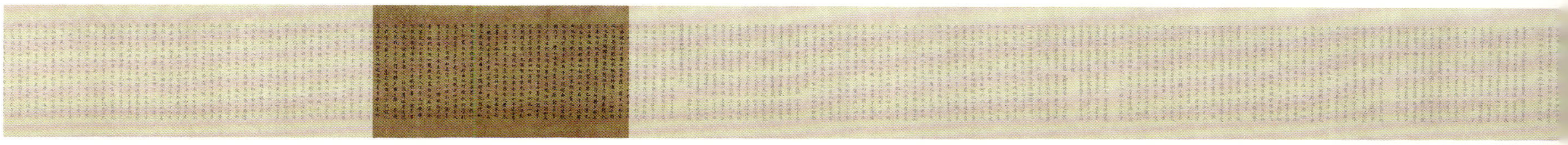

諸善男子今當分明宣語汝等是諸世界若
著微塵及不著者盡以為塵一塵一劫我成
佛已來復過於此百千万億那由他阿僧祇
劫自從是來我常在此娑婆世界說法教化
亦於餘處百千万億那由他阿僧祇國導利
衆生諸善男子於是中間我說然燈佛等又
復言其入於涅槃如是皆以方便分別諸善
男子若有衆生來至我所我以佛眼觀其信
等諸根利鈍隨所應度處處自說名字不
同年紀大小亦復現言當入涅槃又以種種
方便說微妙法能令衆生發歡喜心諸善男
子如來見諸衆生樂於小法德薄垢重者為
是人說我少出家得阿耨多羅三藐三菩提
然我實成佛已來久遠若斯但以方便教化
衆生令入佛道作如是說諸善男子如來所

然我實成佛已来久遠若斯但以方便教化
眾生令入佛道作如是說諸善男子如来所
演經典皆為度脫眾生或說己身或說他身
或示己身或示他身或示己事或示他事諸
所言說皆實不虛所以者何如来如實知見
三界之相无有生死若退若出亦无在世及滅
度者非實非虛非如非異不如三界見於三
界如斯之事如来明見无有錯謬以諸眾生
有種種性種種欲種種行種種憶想分別
故欲令生諸善根以若干因緣譬喻言辭
種種說法所作佛事未曾暫廢如是我成佛
已来甚大久遠壽命无量阿僧祇劫常住不
滅諸善男子我本行菩薩道所成壽命今猶
未盡復倍上數然今非實滅度而便唱言當
取滅度如来以是方便教化眾生所以者何
若佛久住於世薄德之人不種善根貧窮下

賤貪著五欲入於憶想妄見網中若見如來
常在不滅便起憍恣而懷猒怠不能生難遭
之想恭敬之心是故如來以方便說比丘當知
諸佛出世難可值遇所以者何諸薄德人過无
量百千万億劫或有見佛或不見者以此事
故我作是言諸比丘如來難可得見斯衆生
等聞如是語必當生於難遭之想心懷戀慕
渴仰於佛便種善根是故如來雖不實滅而
言滅度又善男子諸佛如來法皆如是為度
衆生皆實不虛譬如良醫智慧聰達明練方
藥善治衆病其人多諸子息若十二十乃至
百數以有事緣遠至餘國諸子於後飲他毒
藥藥發悶亂宛轉于地是時其父還來歸家
諸子飲毒或失本心或不失者遙見其父皆
大歡喜拜跪問訊善安隱歸我等愚癡誤服

大歡喜拜跪問訊善安隱歸我等愚癡誤服
毒藥願見救療更賜壽命父見子等苦惱如
是依諸經方求好藥草色香美味皆悉具足
擣簁和合與子令服而作是言此大良藥色
香美味皆悉具足汝等可服速除苦惱无復衆
患其諸子中不失心者見此良藥色香俱好
即便服之病盡除愈餘失心者見其父來雖
亦歡喜問訊求索治病然與其藥而不肯服
所以者何毒氣深入失本心故於此好色香藥
而謂不美父作是念此子可愍為毒所中心
皆顛倒雖見我喜求索救療如是好藥而不
肯服我今當設方便令服此藥即作是言汝
等當知我今衰老死時已至是好良藥今留
在此汝可取服勿憂不差作是教已復至他
國遣使還告汝父已死是時諸子聞父背喪

心大憂惱而作是念若父在者慈愍我等能
見救護今者捨我遠喪他國自惟孤露无
復恃怙常懷悲感心遂醒悟乃知此藥色味
香美即取服之毒病皆愈其父聞子悉已得
差尋便來歸咸使見之諸善男子於意云何
頗有人能說此良醫虛妄罪不不也世尊佛
言我亦如是成佛已來无量无邊百千万億
那由他阿僧祇劫為衆生故以方便力言當
滅度亦无有能如法說我虛妄過者尒時世
尊欲重宣此義而說偈言
自我得佛來　所經諸劫數　无量百千万　億載阿僧祇
常說法教化　无數億衆生　令入於佛道　尒來无量劫
為度衆生故　方便現涅槃　而實不滅度　常住此說法
我常住於此　以諸神通力　令顛倒衆生　雖近而不見
衆見我滅度　廣供養舍利　咸皆懷戀慕　而生渴仰心

衆見我滅度 廣供養舍利 咸皆懷戀慕 而生渴仰心
衆生既信伏 質直意柔濡 一心欲見佛 不自惜身命
時我及衆僧 俱出靈鷲山 我時語衆生 常在此不滅
以方便力故 現有滅不滅 餘國有衆生 恭敬信樂者
我復於彼中 爲說无上法 汝等不聞此 但謂我滅度
我見諸衆生 沒在於苦惱 故不爲現身 令其生渴仰
因其心戀慕 乃出爲說法 神通力如是 於阿僧祇劫
常在靈鷲山 及餘諸住處 衆生見劫盡 大火所燒時
我此土安隱 天人常充滿 園林諸堂閣 種種寶莊嚴
寶樹多華菓 衆生所遊樂 諸天擊天鼓 常作衆伎樂
雨曼陀羅華 散佛及大衆 我淨土不毀 而衆見燒盡
憂怖諸苦惱 如是悉充滿 是諸罪衆生 以惡業因緣
過阿僧祇劫 不聞三寶名 諸有脩功德 柔和質直者
則皆見我身 在此而說法 或時爲此衆 說佛壽无量
久乃見佛者 爲說佛難值 我智力如是 慧光照无量

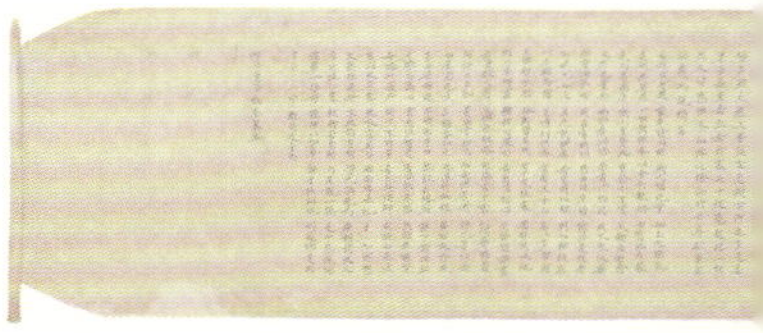

壽命无數劫　久修業所得　汝等有智者　勿於此生疑
當斷令永盡　佛語實不虛　如醫善方便　為治狂子故
實在而言死　无能說虛妄　我亦為世父　救諸苦患者
為凡夫顛倒　實在而言滅　以常見我故　而生憍恣心
放逸著五欲　墮於惡道中　我常知眾生　行道不行道
隨應所可度　為說種種法　每自作是意　以何令眾生
得入无上道　速成就佛身

妙法蓮華經分別功德品第十七

尒時大會聞佛說壽命劫數長遠如是无量无邊阿僧祇眾生得大饒益於時世尊告彌勒菩薩摩訶薩阿逸多我說是如來壽命長遠時六百八十万億那由他恒河沙眾生得无生法忍復千倍菩薩摩訶薩得聞持陀羅尼門復有一世界微塵數菩薩摩訶薩得樂說无导辯才復有一世界微塵數菩薩摩訶薩

无量辯才復有一世界微塵數菩薩摩訶薩
得百万億无量旋陁羅尼復有三千大千世
界微塵數菩薩摩訶薩能轉不退法輪復有
二千中國土微塵數菩薩摩訶薩能轉清淨
法輪復有小千國土微塵數菩薩摩訶薩八
生當得阿耨多羅三藐三菩提復有四四天
下微塵數菩薩摩訶薩四生當得阿耨多
羅三藐三菩提復有三四天下微塵數菩薩
摩訶薩三生當得阿耨多羅三藐三菩提復
有二四天下微塵數菩薩摩訶薩二生當得
阿耨多羅三藐三菩提復有一四天下微塵
數菩薩摩訶薩一生當得阿耨多羅三藐三
菩提復有八世界微塵數衆生皆發阿耨多
羅三藐三菩提心佛說是諸菩薩摩訶薩得
大法利時於虚空中雨曼陁羅華摩訶曼陁

羅華以散无量百千万億寶樹下師子座上
諸佛并散七寶塔中師子座上釋迦牟尼佛
及久滅度多寶如來亦散一切諸大菩薩及
四部衆又雨細末栴檀沈水香等於虛空中
天鼓自鳴妙聲深遠又雨千種天衣垂諸瓔
珞真珠瓔珞摩尼珠瓔珞如意珠瓔珞遍於
九方衆寶香爐燒无價香自然周至供養大
會一一佛上有諸菩薩執持幡蓋次第而上
至于梵天是諸菩薩以妙音聲歌无量頌讚
歎諸佛尒時弥勒菩薩從座而起偏袒右肩
合掌向佛而說偈言

佛說希有法　昔所未曾聞　世尊有大力　壽命不可量
无數諸佛子　聞世尊分別　說得法利者　歡喜充遍身
或住不退地　或得陁羅尼　或无导樂說　万億旋揔持
或有大千界　微塵數菩薩　各各皆能轉　不退之法輪
復有中千界　微塵數菩薩　各各皆能轉　清淨之法輪

BD00598　妙法蓮華經卷五

或有大千界　微塵數菩薩　各各皆能轉　不退之法輪
復有中千界　微塵數菩薩　各各皆能轉　清淨之法輪
復有小千界　微塵數菩薩　餘各八生在　當得成佛道
復有四三二　如此四天下　微塵諸菩薩　隨數生成佛
或一四天下　微塵數菩薩　餘有一生在　當成一切智
如是等衆生　聞佛壽長遠　得无量无漏　清淨之果報
復有八世界　微塵數衆生　聞佛說壽命　皆發无上心
世尊說无量　不可思議法　多有所饒益　如虛空无邊
雨天曼陁羅　摩訶曼陁羅　釋梵如恒沙　无數佛土来
雨栴檀沉水　繽紛而乱墜　如鳥飛空下　供散於諸佛
天鼓虛空中　自然出妙聲　天衣千万種　旋轉而来下
衆寶妙香爐　燒无價之香　自然悉周遍　供養諸世尊
其大菩薩衆　執七寶幡蓋　高妙万億種　次第至梵天
一一諸佛前　寶幢懸勝幡　亦以千万偈　歌詠諸如来
如是種種事　昔所未曾有　聞佛壽无量　一切皆歡喜

佛名聞十方 廣饒益衆生 一切具善根 以助无上心
尒時佛告弥勒菩薩摩訶薩阿逸多其有衆生聞佛壽命長遠如是乃至能生一念信解所得功德无有限量若有善男子善女人為阿耨多羅三藐三菩提故於八十万億那由他劫行五波羅蜜檀波羅蜜尸羅波羅蜜羼提波羅蜜毗梨耶波羅蜜禪波羅蜜除般若波羅蜜以是功德比前功德百分千分百千万億分不及其一乃至筭數譬喻所不能知若善男子善女人有如是功德於阿耨多羅三藐三菩提退者无有是處尒時世尊欲重宣此義而說偈言
若人求佛慧 於八十万億 那由他劫數 行五波羅蜜
於是諸劫中 布施供養佛 及緣覺弟子 并諸菩薩衆
珎異之飲食 上服與臥具 栴檀立精舍 以園林莊嚴
如是等布施 種種皆微妙 盡此諸劫數 以迴向佛道

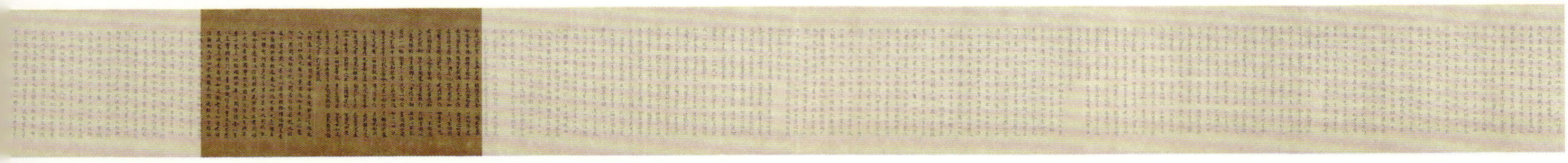

珎異之飲食　上服與臥具　栴檀立精舍　以園林莊嚴
如是等布施　種種皆微妙　盡此諸劫數　以迴向佛道
若復持禁戒　清淨无缺漏　求於无上道　諸佛之所歎
若復行忍辱　住於調柔地　設衆惡來加　其心不傾動
諸有得法者　懷於增上慢　爲此所輕惱　如是亦能忍
若復勤精進　志念常堅固　於无量億劫　一心不懈息
又於无數劫　住於空閑處　若坐若經行　除睡常攝心
以是因緣故　能生諸禪定　八十億万劫　安住心不亂
持此一心福　願求无上道　我得一切智　盡諸禪定際
是人於百千　万億劫數中　行此諸功德　如上之所說
有善男女等　聞我說壽命　乃至一念信　其福過於彼
若人悉无有　一切諸疑悔　深心須臾信　其福爲如此
其有諸菩薩　无量劫行道　聞我說壽命　是則能信受
如是諸人等　頂受此經典　願我於未來　長壽度衆生
如今日世尊　諸釋中之王　道場師子吼　說法无所畏

我等未來世　一切所尊敬　坐於道場時　說壽亦如是
若有深心者　清淨而質直　多聞能總持　隨義解佛語
如是之人等　於此无有疑
又阿逸多，若有聞佛壽命長遠，解其言趣，是
人所得功德无有限量，能起如來无上之慧，
何況廣聞是經，若教人聞，若自持，若教人持，
若自書，若教人書，若以華香瓔珞幢幡繒蓋香
油蘇燈供養經卷，是人功德无量无邊，能生
一切種智。阿逸多，若善男子善女人聞我說
壽命長遠，深心信解，則為見佛常在耆闍崛
山，共大菩薩諸聲聞衆圍遶說法。又見此娑
婆世界，其地瑠璃，坦然平正，閻浮檀金以界
八道，寶樹行列，諸臺樓觀皆悉寶成，其菩薩
衆咸䖏其中。若有能如是觀者，當知是為深
信解相。又復如來滅後，若聞是經而不毀呰

信解相又復如來滅後若聞是經而不毁呰
起隨喜心當知已為深信解相何況讀誦受
持之者斯人則為頂戴如來阿逸多是善男
子善女人不須為我復起塔寺及作僧坊以
四事供養衆僧所以者何是善男子善女
人受持讀誦是經典者為已起塔造立僧坊
供養衆僧則為以佛舍利起七寶塔高廣漸
小至于梵天懸諸幡蓋及衆寶鈴華香瓔珞
末香塗香燒香衆鼓伎樂簫笛箜篌種種儛
戲以妙音聲歌唄讚誦則為於无量千万億
劫作是供養已阿逸多若我滅後聞是經典
有能受持若自書若教人書則為起立僧坊
以赤栴檀作諸殿堂三十有二高八多羅樹
高廣嚴好百千比丘於其中止園林流池經
行禪窟衣服飲食床蓐湯藥一切樂具充滿

其中如是僧坊堂閣若干百千万億其數无
量以此現前供養於我及比丘僧是故我說
如來滅後若有受持讀誦為他人說若自書
若教人書供養經卷不須復起塔寺及造僧
坊供養衆僧況復有人能持是經兼行布
施持戒忍辱精進一心智慧其德㝡勝无量
无邊譬如虛空東西南北四維上下无量无
邊是人功德亦復如是无量无邊疾至一切種
智若人讀誦受持是經為他人說若自書若教
人書復能起塔及造僧坊供養讚歎聲聞衆
僧亦以百千万億讚歎之法讚歎菩薩功德
又為他人種種因緣隨義解說此法華經復
能清淨持戒與柔和者而共同止忍辱无瞋
志念堅固常貴坐禪得諸深定精進勇猛攝
諸善法利根智慧善荅問難阿逸多若我滅

諸善法利根智慧善荅問難阿逸多若我滅
後諸善男子善女人受持讀誦是經典者復
有如是諸善功德當知是人已趣道場近阿
耨多羅三藐三菩提坐道樹下阿逸多是善
男子善女人若坐若立若行處是中便應起塔一切
天人皆應供養如佛之塔尒時世尊欲重宣
此義而說偈言
若我滅度後　能奉持此經　斯人福无量　如上之所說
是則為具足　一切諸供養　以舍利起塔　七寶而莊嚴
表剎甚高廣　漸小至梵天　寶鈴千万億　風動出妙聲
又於无量劫　而供養此塔　華香諸瓔珞　天衣衆伎樂
燃香油蘇燈　周帀常照明　惡世法末時　能持是經者
則為已如上　具足諸供養　若能持此經　則如佛現在
以牛頭栴檀　起僧坊供養　堂有三十二　高八多羅樹
上饌妙衣服　牀臥皆具足　百千衆住處　園林諸流池

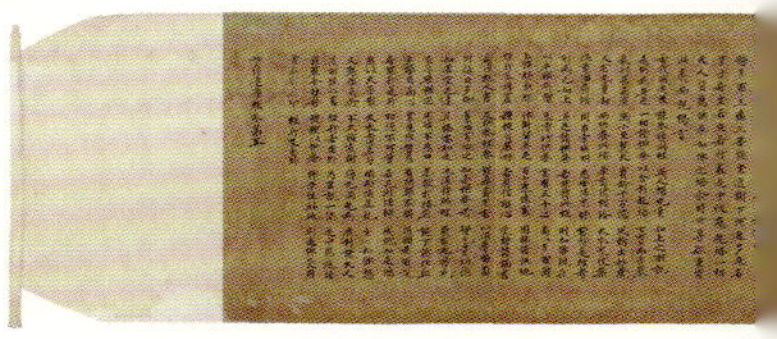

經行及禪窟 種種皆嚴好 若有信解心 受持讀誦書
若復教人書 及供養經卷 散華香末香 以須曼瞻蔔
阿提目多伽 薰油常燃之 如是供養者 得无量功德
如虛空无邊 其福亦如是 況復持此經 兼布施持戒
忍辱樂禪定 不瞋不惡口 恭敬於塔廟 謙下諸比丘
遠離自高心 常思惟智慧 有問難不瞋 隨順為解說
若能行是行 功德不可量 若見此法師 成就如是德
應以天華散 天衣覆其身 頭面接足礼 生心如佛想
又應作是念 不久詣道樹 得无漏无為 廣利諸天人
其所住止處 經行若坐臥 乃至說一偈 是中應起塔
莊嚴令妙好 種種以供養 佛子住此地 則是佛受用
常在於其中 經行及坐臥

妙法蓮華經卷第五

BD00598 妙法蓮華經卷五

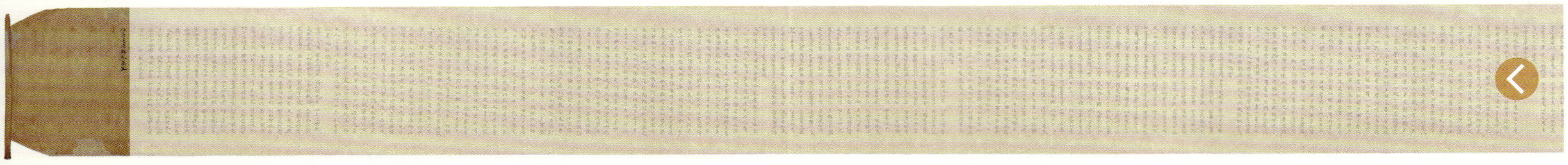

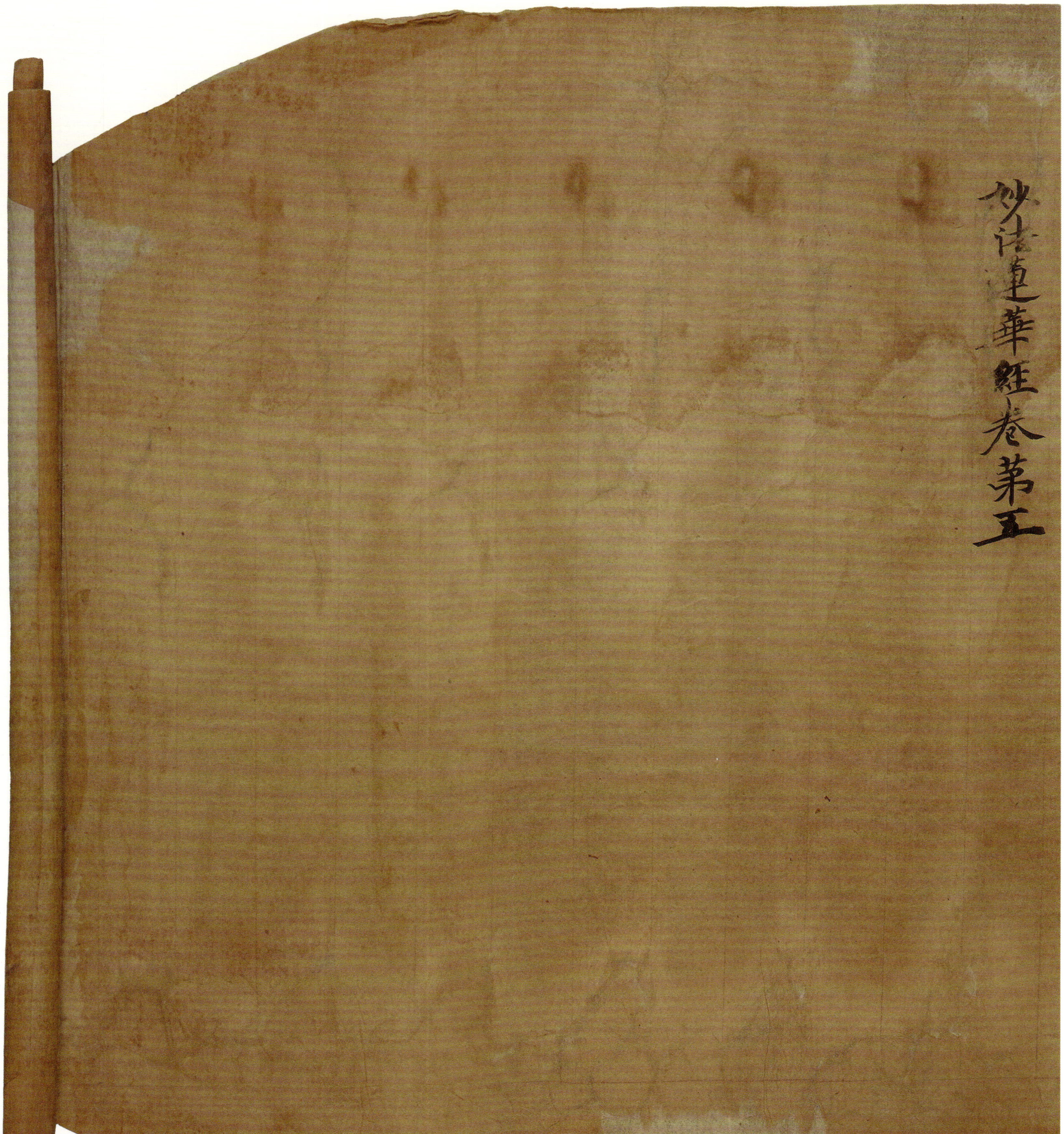

BD00598　妙法蓮華經卷五

BD00599 四分律戒本疏卷三

沙門慧 述

109.5cm×26.7cm

重惱色更化僧製……
若臥去時不自舉不教人舉放逸從　此篇……
用僧物四為已受用五去時已下結不舉罪比丘義如上僧房者有處僧
臥具者謂繩床木床上褥蓐具坐具已下至臥褥四言若自敷若教人敷者
為已受用故五言去時不自舉不教人舉放逸從者不舉之罪律云彼去時
麤語舊住比丘言与我掌舉若无人不畏失當移床離壁高枝床腳
持褥蓐臥具置裏以餘重覆去恐壞敗取臥具等置衣上竪床而去若
不作如是出界犯頭欲去還悔吉羅若即日還不久聽二宿界外第三宿明相
未出若自至寺房中若遣使至語知事人囑護不者明相出便犯不犯者住
如上方便或水陸道斷命梵等緣者開　強敷臥具戒十六　制意者然物
有限事々向彼此情同則我為彼有意隔則事須進否然知先得住處竟不
籌量輒便於中強敷臥具並相逼惱非出家之式故亦可制　別緣有五先
得住處安止已定二知他先住三作惱彼意四強敷臥具五无因緣謂无親
舊人及病与二難等緣並開於從　已下正明戒本次戒曰六群比丘惣十七群
比丘故以制斯戒若比丘知先比丘住處後來強於中間敷臥具止宿念言
彼若嫌窄者自當避我去作如是因緣非餘非威儀放逸從　此篇是戒本文
有四句一犯人二知他先得住處三後來下強敷相惱四作是下結非威儀罪

有四句一犯人二知他先得住處三後來下強敷相惱四作是下結非威儀罪
初二兩句可知三言強於中間敷臥具者中間者若頭邊若脚邊若兩脇邊
是敷臥具者若草敷葉敷下至地敷臥氈四言作如是因緣者謂作故惱
因緣言非餘者非二福等諸緣故言非威者章頭其過言波逸提者是犯罪
故律所言知他先得住處後來強於中間敷臥具止宿隨轉側脇著牀結犯
十六若爲惱他故閉户然火滅火若唄呪願讀經說法隨他不與事作一一墮不
犯者律云若先不知若語已住若先与開間寬不相妨惱若親舊教言但敷自
我語主若倒地若病轉側墮上若命梵等難一切不犯　牽他出房戒第十七　制
意者然四方僧房衆人共有理无偏屬先來理安止已定後來之徒宜共受
用嗔心牽出自壞惱他淨覺之本損受不輕是以須制制緣有六一四方僧春
冬房二先至安止已定三作惱亂彼意四嗔心牽出五无因緣爲舉等不犯故云
隨出門便犯　已下正明戒本此戒因六群比丘共十七群道行至小住處十七群先入
寺掃灑房舍令淨六群知彼得好住處遂牽出房比丘舉過仏便制戒　若
比丘嗔他不喜僧房中若自牽出教人牽出波逸提　此滿足戒本文有四句
一犯人二內心嗔忿三僧房不犯四若自已下牽出結罪　前三句可知第四言自
牽出波逸提已來是遠犯罪故律云隨所牽多少一一皆犯　若牽多人出一戶隨
提若牽一人出多戶隨多提若牽一人出一戶一提若牽多人隨多提五分若後牽
至前屋牽至戶外牽至庭中牽至庭外一一犯提　若持他物擲著戶外斥他戶

至前屋〻牽至〻外〻牽至庭中〻牽至庭外一〻犯提　若持他物擲著〻外所他尸
外並吉　祇云牽他出時若抱柱捉〻户倚壁一〻提　若可吐隨語一〻離一〻提若嗔
蚊鼠驅出越　若云此无益物驅出无罪　十六若書軒眠應去徑行不能經行
應起併不應惱他　五分若佛弟子而牽出者不犯若將不牽人來欲令
自出〻不出吉羅　牽下四衆名吉　律云不犯者无嗔恨心隨次出共宿過限遣
未受具人出　破戒見威儀為他舉及擯應擯因此故有命梵難驅出並業
犯　問前房開驅不問淨穢此戒何得淨不除驅者答前是他物房先借者
驅則无違此僧住處故不問淨此僧房淨无共驅出无犯　重屋上坐脚脫床
戒十八　制意者凡事宜審危險須慎重屋薄覆脫脚之床放身坐卧容支
墜隨傷於下人惱更不輕是故聖制別緣有四一重屋二薄覆三脚床四放身坐
卧已下四明戒本戒因用房重屋比丘起過制此戒　若比丘若房若重閣上脫脚
繩床木床若坐若卧波逸提　此當是戒本文有四句一犯人二重屋三脚脫床四
坐卧結犯初句可知二若房者謂僧私兩種房重閣者謂立頭不至上三〻言脫
脚床者律云脫脚者謂脚入陛四言若坐若卧律云隨脇著床轉側一言波
逸提者是遠犯罪故律云比丘于上坐卧者隨轉側一〻犯提除脫脚床外坐獨
坐床或一板浴床一切吉羅　不犯者律云若重屋板覆若尅木作苑覆若板
床坐若脫脚坐安細要並不犯　用虫水戒第十九　制意者慈濟物命道乞

林坐若眠眼坐安經要並不犯　用虫水戒第十九　制意者慈念物命道

必要知水有虫而故受用將損物命違其慈道苟存自營所為無理事是

非輕故所以制　別緣有四一是虫水二知有虫水三不作漉法四所隨用犯　已下文

明戒本此戒因闡陀比丘起過造屋虫水和泥居士譏嫌佛便制戒　若比丘知水

有虫若澆泥若澆草若教人澆者波逸提　此滿足戒本文有三句一犯人二所業

三犯罪比者義如上釋　已下二句可知故律云若不知水有虫無罪知即犯提言

水者漉囊所遮肉眼所見十云眼所見漉囊所遮若用此水隨虫多少一一犯提

祇云用虫水一息一提隨息多少一一得提　眾云若以草土擲虫水中若虫略漿清

略漿若清麥漿若酢有虫以澆泥若以草土擲水中一切皆隨教人人同五分云隨用虫

一一墮　律云以草土擲虫水中隨河池中魚虫一一提　大集云一寸之生身細猶微塵十

分之一乃至大者百千万由旬　祇云細故應作三重漉猶有者捨去故多云若

作住處先應看水用已漉羅著器中向日細意諦看若故有虫者應二三

重作漉羅若故有虫此處不應住四分雜法揵度中云無漉囊不得半由旬行

若無漉囊應用衣角漉水　律云不犯者知若不有虫若作無虫想若大水

以手動水令虫去若漉水用若教人漉用不犯　覆屋過三節戒第廿　制意

者凡物有限事成為要貪不知量重重覆不已令屋崩倒損壞功業譏過不輕並

以壁制　別緣有四一自為己作屋二使覆三至三節未竟不離見聞處四第三節

竟即犯　已下正明戒本此戒因闡陀比丘起房重覆不止便推居士嫌言施者雖無

竟即犯　已下正明戒本。此戒因闡陀比丘起房重覆不止，便惟居士譏言，施者雖无
厭，受者應知足，仏随制戒　若比丘作大房舍，户扉窓牖及餘莊飾具，指授覆苫齊
二三節，若過者波逸提　此論之戒本文有四句：一犯人，作〻房法式，三指授已下用
限，四過限結罪。言比丘者義如上并。二言作大〻房者，多用財物及餘莊飾者，刻
鏤彩〻畫〻。三言指授覆苫者，覆有二種，一者從覆，二者横覆。言齊二三節者，是用限
律云齊三節，未竟指授，无犯。四言若過波逸提者，是過限之罪，故律云若比丘指
授三節，未竟自至不見聞處，若不至不見聞處者，即犯提罪。若至離見聞處犯
吉　凡方若過三節竟无邊者，限随用草犯一犯提　律云不犯者，如上指授覆
未三節，若水陸道斷，賊難惡獸難，命梵難，故不避未三節无犯　攝教受居
戒第廿一　制意者有三：一尼須教授意，是女弱劣，於趣方語章裏未聞悉
於理行，二教宜其若夜違故，須教授曲示行儀，大僧丈夫形无障导，受之語長不
別教授，二須善意者，教授事難，須備德行，故委任衆量，異間遣有德慈心訓
誨，開曉心令生解，行終登道益，故須善遣。三結罪意者，令不被僧差輒往
教授，濫行風教，乖於軌道〻〻方失於風〻扉〻化，輕法自尊，損〻不輕故得
提罪　次釋名：尊任自由，不蒙僧命，輒〻為攝，宣傳行德，開曉未聞，名為教授

BD00600 大般若波羅蜜多經卷三七

（唐）玄奘 譯

108.2cm×28.6cm

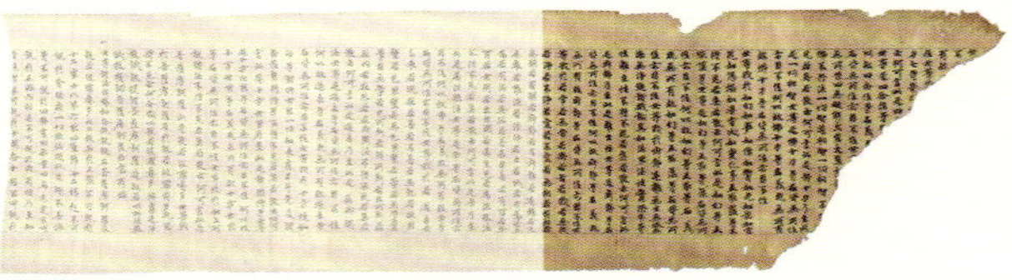

世
不
有故
住世尊
力七等覺支
云何可言此是四
世尊是四念住等
以故四念住等名義
名皆無所住亦非不住世
無所畏四無礙解大慈大悲大
佛不共法一切智道相智一切相智不
見若集若散云何可言此是佛十力乃至此
是一切相智世尊是佛十力等名皆無所住
亦非不住何以故佛十力等名義既無所有

故佛十力等名皆無所住亦非不住
世尊我於如幻如夢如像如響如光如影如空
花如陽焰如尋香城如變化事五取蘊等不
得不見若集若散云何可言此是如幻等五
取蘊等世尊是如幻等五取蘊等名皆無所
住亦非不住何以故如幻等五取蘊等名義
既無所有故如幻等五取蘊等名皆無所
住亦非不住世尊我於寂靜遠離無生無滅無
染無淨絕諸戲論真如法界法性實際平等
性離生性不得不見若集若散云何可言此
是寂靜乃至此是離生性世尊是寂靜等名
皆無所住亦非不住何以故寂靜等名義既
無所有故寂靜等名皆無所住亦非不住世
尊我於若常若無常若樂若苦若我若無我
若淨若不淨若空若不空若無相若有相若

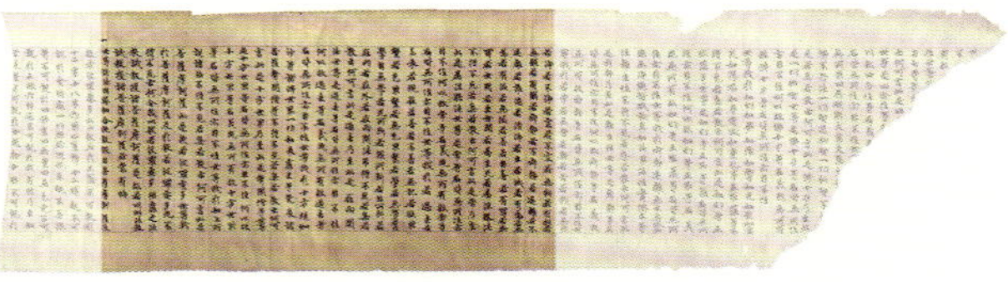

若淨若不淨若空若不空若無相若有相若
無願若有願若寂靜若不寂靜若遠離若不
遠離若雜染若清淨若生若滅若有為若無
為若有漏若無漏若善若非善若有罪若無
罪若世間若出世間若屬生死若屬涅槃法
不得不見若集若散云何可言此是常乃至
此是屬涅槃法世尊是常等名皆無所住亦
非不住何以故常等名義既無所有故常等
名皆無所住亦非不住世尊我於若過去若
未來若現在若善若不善若無記若欲界
繫若色界繫若無色界繫若學若無學若非
學非無學若見所斷若修所斷若非所斷若
在內若在外若在兩間法不得不見若集若
散云何可言此是過去乃至此是在兩間
法世尊是過去等名皆無所住亦非不住

何以故過去等名義既無所有故過去等
名皆無所住亦非不住世尊我於十方殑伽
沙等諸佛世界一切如來應正等覺及諸
菩薩聲聞僧等不得不見若集若散云何可
言此是十方世界乃至此是聲聞僧等尊
是十方世界等名皆無所住亦非不住何以故
十方世界等名義既無所有故十方世界
等名皆無所住亦非不住世尊我於如上所
說諸法不得不見若集若散云何可言此是
菩薩摩訶薩此是般若波羅蜜多世尊我
於菩薩摩訶薩及於般若波羅蜜多既不
得不見云何令我以般若波羅蜜多相應之法
教誡教授諸菩薩摩訶薩是故若以此法教
誡教授諸菩薩摩訶薩必當有悔
世尊諸法因緣和合施設假名菩薩摩訶薩及

世尊諸法因緣和合施設假名菩薩摩訶薩及
般若波羅蜜多此二假名於五蘊不可說於
十二處十八界六界四聖諦十二緣起不可
說於貪瞋癡一切纏結隨眠見趣不善根
等不可說於四靜慮四無量四無色定不可
說於五眼六神通不可說於我有情乃至知
者見者不可說於十隨念十想不可說於

BD00601

維摩詰所説經卷上

（後秦）鳩摩羅什 譯

568.5cm × 26cm

[illegible]
長者
言寶積衆生之類是菩薩佛土
薩隨所化衆生而取佛土隨所調伏
取佛土隨諸衆生應以何國入佛智慧而
佛土隨諸衆生應以何國起菩薩根而取佛
土所以者何菩薩取於淨國皆為饒益諸衆
生故譬如有人欲於空地造立宮室隨意无
导若於虛空終不能成菩薩如是為成就衆
生故願取佛國願取佛國者非於空也寶積
當知直心是菩薩淨土菩薩成佛時不諂衆
生來生其國深心是菩薩淨土菩薩成佛時
具足功德衆生來生其國大乘心是菩薩淨
土菩薩成佛時大乘衆生來生其國布施是

菩薩淨土菩薩成佛時一切能捨衆生來生
其國持戒是菩薩淨土菩薩成佛時行十善
道滿願衆生來生其國忍辱是菩薩淨土菩
薩成佛時三十二相莊嚴衆生來生其國精
進是菩薩淨土菩薩成佛時勤脩一切功德
衆生來生其國禪定是菩薩淨土菩薩成佛
[illegible]心不亂衆生來生其國智慧是菩薩淨
[illegible]衆生來生其國四无量
[illegible]菩薩成佛時成就慈悲喜捨
衆生來生其國四攝法是菩薩淨土菩薩成
佛時解脱所攝衆生來生其國方便是菩薩
[illegible]土菩薩成佛時於一切法方便无导衆生
[illegible]生其國三十七道品是菩薩淨土菩薩成
[illegible]正勤神足根力覺道衆生來生其

BD00601　維摩詰所説經卷上

處正勤神足根力覺道衆生来生其
國迴向心是菩薩淨土菩薩成佛時得一切
具足功德國土說除八難是菩薩淨土菩薩
成佛時國土无有三惡八難自守戒行不譏
彼闕是菩薩淨土菩薩成佛時國土无有犯
禁之名十善是菩薩淨土菩薩成佛時命不
中夭大富梵行所言誠諦常以軟語眷屬不
離善和諍訟言必饒益不嫉不恚正見衆生
来生其國如是寶積菩薩隨其直心則能發
行隨其發行則得深心隨其深心則意調伏
隨意調伏則如說行隨如說行則能迴向隨
其迴向則有方便隨其方便則成就衆生隨
成就衆生則佛土淨隨佛土淨則說法淨隨
說法淨則智慧淨隨智慧淨則其心淨隨其

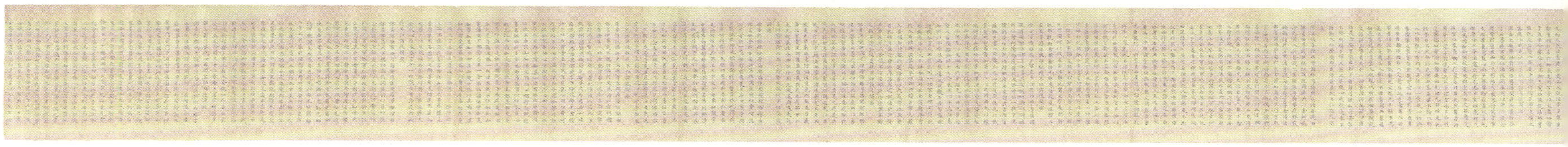

心淨則一切功德淨是故寶積若菩薩欲得
淨土當淨其心隨其心淨則佛土淨
尒時舍利弗承佛威神作是念若菩薩心淨
則佛土淨者我世尊本為菩薩時意豈不淨
而是佛土不淨若此佛知其念即告之言於
意云何日月豈不淨耶而盲者不見對曰不
也世尊是盲者過非日月咎舍利弗衆生罪
故不見如來佛國嚴淨非如來咎舍利弗我
此土淨而汝不見尒時螺髻梵王語舍利弗
勿作是意謂此佛土以為不淨所以者何我
見釋迦牟尼佛土清淨譬如自在天宮舍利
弗言我見此土丘陵坑坎荊棘沙礫土石諸
山穢惡充滿螺髻梵言仁者心有高下不依
佛慧故見此土為不淨耳舍利弗菩薩於一

佛慧故見此土爲不淨耳舍利弗菩薩於一
切衆生悉皆平等深心清淨依佛智慧則能
見此佛土清淨於是佛以足指按地即時三
千大千世界若干百千珎寶嚴飾譬如寶莊
嚴佛无量功德寶莊嚴土一切大衆歎未曾
有而皆自見坐寶蓮華佛告舍利弗汝且觀
是佛土嚴淨舍利弗言唯然世尊本所不見
本所不聞今佛國土嚴淨悉現佛語舍利弗
我佛國土常淨若此爲欲度斯下劣人故示
是衆惡不淨土耳譬如諸天共寶器食隨其
福德飯色有異如是舍利弗若人心淨便見
此土功德莊嚴當佛現此國土嚴淨之時寶
積所將五百長者子皆得无生法忍八万四
千人發阿耨多羅三藐三菩提心佛攝神足

於是世界還復如故求聲聞乘三万二千天
及人知有為法皆悉无常遠塵離垢得法眼
淨八千比丘不受諸法漏盡意解

維摩詰方便品第二

尒時毗耶離大城中有長者名維摩詰已曾
供養无量諸佛深殖善本得无生忍辯才无
閡遊戲神通逮諸揔持獲无所畏降魔勞怨
入深法門善於智度通達方便大願成就明
了衆生心之所趣又能分別諸根利鈍久於
佛道心已純淑決定大乘諸有所作能善思
量住佛威儀心如大海諸佛咨嗟弟子釋梵
世主所敬欲度人故以善方便居毗耶離資
財无量攝諸貧民奉戒清淨攝諸毀禁以忍
調行攝諸恚怒以大精進攝諸懈怠一心禪

調行攝諸恚怒以大精進攝諸懈怠一心禪
寂攝諸亂意以決定慧攝諸无智雖為白衣
奉持沙門清淨律行雖處居家不著三界示
有妻子常脩梵行現有眷屬常樂遠離雖服
寶飾而以相好嚴身雖復飲食而以禪悅為
味若至博弈戲處輒以度人受諸異道不毀
正信雖明世典常樂佛法一切見敬為供養
中最執持正法攝諸長幼一切治生諧偶雖
獲俗利不以喜悅遊諸四衢饒益眾生入治
政法救護一切入講論處導以大乘入諸學
堂誘開童蒙入諸婬舍示欲之過入諸酒肆
能立其志若在長者長者中尊為說勝法若
在居士居士中尊斷其貪著若在剎利剎利
中尊教以忍辱若在婆羅門婆羅門中尊除

其我慢若在大臣大臣中尊教以正法若在
王子王子中尊示以忠孝若在內官內官中
尊化正宮女若在庶民庶民中尊令興福力
若在梵天梵天中尊誨以勝慧若在帝釋帝
釋中尊示現无常若在護世護世中尊護諸
衆生長者維摩詰以如是等无量方便饒益
衆生其以方便現身有疾以其疾故國王大
臣長者居士婆羅門等及諸王子并餘官屬
无數千人皆往問疾其往者維摩詰因以身
疾廣為說法諸仁者是身无常无強无力无
堅速朽之法不可信也為苦為惱衆病所集
諸仁者如此身明智者所不怙是身如聚沫
不可撮摩是身如泡不得久立是身如炎從
渴愛生是身如芭蕉中无有堅是身如幻從

渴愛生是身如芭蕉中无有堅是身如幻從
顛倒起是身如夢為虛妄見是身如影從業
緣現是身如響屬諸因緣是身如浮雲須臾
變滅是身如電念念不住是身无主為如地
是身无我為如火是身无壽為如風是身无
人為如水是身不實四大為家是身為空離
我我所是身无知如草木瓦礫是身无作風
力所轉是身不淨穢惡充滿是身為虛偽雖
假以澡浴衣食必歸磨滅是身為灾百一病
惱是身如丘井為老所逼是身无定為要當
死是身如毒虵如怨賊如空聚陰界諸入所
共合成諸仁者此可患猒當樂佛身所以者
何佛身者即法身也從无量功德智慧生從
戒定慧解脫解脫知見生從慈悲喜捨生從

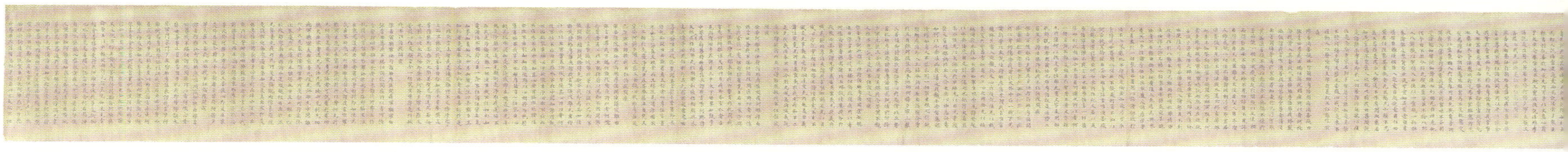

布施持戒忍辱柔和勤行精進禪定解脫三
昧多聞智慧諸波羅蜜生從方便生從六通
生從三明生從三十七道品生從止觀生從
十力四无所畏十八不共法生從斷一切不
善法集一切善法生從真實生從不放逸生
從如是无量清淨法生如來身諸仁者欲得
佛身斷一切衆生病者當發阿耨多羅三藐
三菩提心如是長者維摩詰為諸問疾者如
應說法令无數千人皆發阿耨多羅三藐三
菩提心

維摩詰經弟子品第三

尔時長者維摩詰自念寢疾于床世尊大慈
寧不垂愍佛知其意即告舍利弗汝行詣維
摩詰問疾舍利弗白佛言世尊我不堪任詣

BD00601　維摩詰所說經卷上

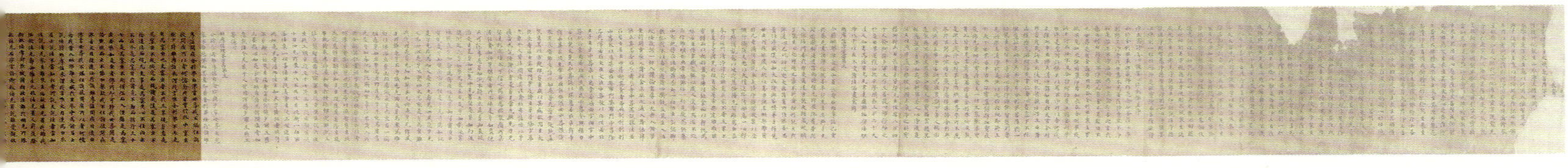

摩詰問疾舍利弗白佛言世尊我不堪任詣
彼問疾所以者何憶念我昔曾於林中宴坐
樹下時維摩詰來謂我言唯舍利弗不必是
坐為宴坐也夫宴坐者不於三界現身意是
為宴坐不起滅定而現諸威儀是為宴坐不
捨道法而現凡夫事是為宴坐心不住內亦
不在外是為宴坐於諸見不動而脩行三十
七品是為宴坐不斷煩惱而入涅槃是為宴
坐若能如是坐者佛所印可時我世尊聞是
語默然而止不能加報故我不任詣彼問疾
佛告大目揵連汝行詣維摩詰問疾目連白
佛言世尊我不堪任詣彼問疾所以者何憶
念我昔入毗耶離大城於里巷中為諸居士
說法時維摩詰來謂我言唯大目連為白衣

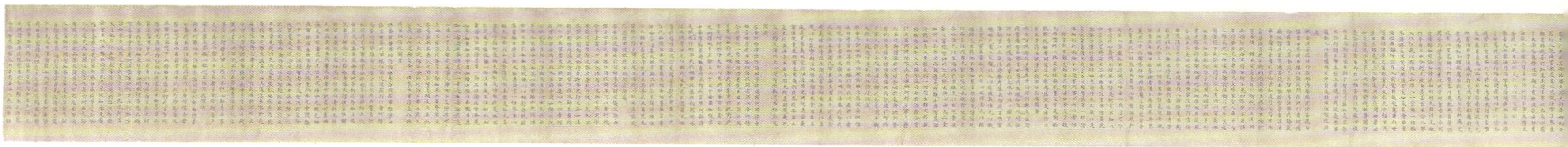

居士說法不當如仁者所說夫說法者當如
法說法无衆生離衆生垢故法无有我離我
垢故法无壽命離生死故法无有人前後際
斷故法常寂然滅諸相故法離於相无所緣
故法无名字言語斷故法无有說離覺觀故
法无形相如虛空故法无戲論畢竟空故法
无我所離我所故法无分別離諸識故法无
有比无相待故法不屬因不在緣故法同法
性入諸法故法隨於如无所隨故法住實際
諸邊不動故法无動搖不依六塵故法无去
来常不住故法順空隨无相應无作法離好
醜法无增損法无生滅法无所歸法過眼耳
鼻舌身心法无高下法常住不動法離一切
觀行唯大目連法相如是豈可說乎夫說法

觀行唯大目連法相如是豈可說乎夫說法
者无說无示其聽法者无聞无得譬如幻士
爲幻人說法當建是意而爲說法當了衆生
根有利鈍善於知見无所罣㝵以大悲心讚
于大乘念報佛恩不斷三寶然後說法維摩
詰說是法時八百居士發阿耨多羅三藐三
菩提心我无此辯是故不任詣彼問疾
佛告大迦葉汝行詣維摩詰問疾迦葉白佛
言世尊我不堪任詣彼問疾所以者何憶念
我昔於貧里而行乞時維摩詰來謂我言唯
大迦葉有慈悲心而不能普捨豪富從貧乞
迦葉住平等法應次行乞爲不食故應行乞
食爲壞和合相故應取揣食爲不受故應受
彼食以空聚相入於聚落所見色與盲等所

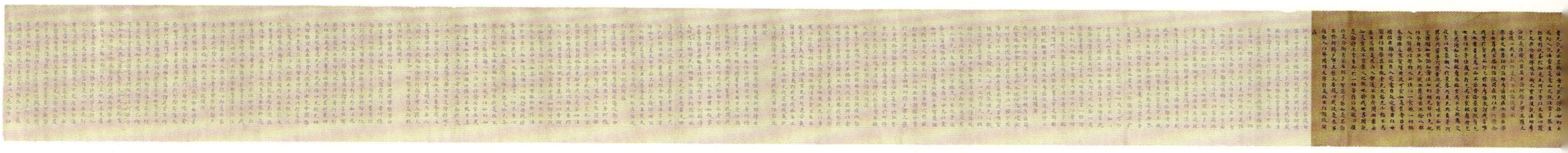

聞聲與響等所嗅香與風等所食味不分別
受諸觸如智證知諸法如幻相无自性无他
性本自不然今則无滅迦葉若能不捨八耶
入八解脫以耶相入正法以一食施一切供
養諸佛及衆賢聖然後可食如是食者非有
煩惱非離煩惱非入定意非起定意非住世
間非住涅槃其有施者无大福无小福不為
益不為損是為正入佛道不依聲聞迦葉若
如是食為不空食人之施也時我世尊聞說
是語得未曾有即於一切菩薩深起敬心復
作是念斯有家名辯才智慧乃能如是其誰
不發阿耨多羅三藐三菩提心我從是來不
復勸人以聲聞辟支佛行是故不任詣彼問
疾

BD00601　維摩詰所説經卷上

疾
佛告須菩提汝行詣維摩詰問疾須菩提白
佛言世尊我不堪任詣彼問疾所以者何憶
念我昔入其舍從乞食時維摩詰取我鉢盛
滿飯謂我言唯須菩提若能於食等者諸法
亦等諸法等者於食亦等如是行乞乃可取
食若須菩提不斷婬怒癡亦不與俱不壞於
身而隨一相不滅癡愛起於明脫以五逆相
而得解脫亦不解不縛不見四諦非不見諦
非得果非凡夫非離凡夫法非聖人非不聖
人雖成就一切法而離諸法相乃可取食若
須菩提不見佛不聞法彼外道六師富蘭那
迦葉末伽梨拘賒梨子刪闍耶毗羅胝子阿
耆多翅舍欽婆羅迦羅鳩馱迦旃延尼揵陀

若提子等是汝之師因其出家彼師所墮汝
亦隨墮乃可取食若須菩提入諸耶見不到
彼岸住於八難不得无難同於煩惱離清淨
法汝得无諍三昧一切衆生亦得是定其施
汝者不名福田供養汝者墮三惡道為與衆
魔共一手作諸勞侶汝與衆魔及諸塵勞等
无有異於一切衆生而有怨心謗諸佛毀於
法不入衆數終不得滅度汝若如是乃可取
食時我世尊聞此惘然不識是何言不知以
何荅便置鉢欲出其舍維摩詰言唯須菩提
取鉢勿懼於意云何如來所作化人若以是
事詰寧有懼不我言不也維摩詰言一切諸
法如幻化相汝今不應有所懼也所以者何
一切言說不離是相至於智者不著文字故

一切言說不離是相至於智者不著文字故
无所懼何以故文字性離无有文字是則解
脫解脫相者則諸法也維摩詰說是法時二
百天子得法眼淨故我不任詣彼問疾
佛告富樓那彌多羅尼子汝行詣維摩詰問
疾富樓那白佛言世尊我不堪任詣彼問疾
所以者何憶念我昔於大林中在一樹下為
諸新學比丘說法時維摩詰來謂我言唯富
樓那先當入定觀此人心然後說法无以穢
食置於寶器當知是比丘心之所念无以琉
璃同彼水精汝不能知衆生根原无得發起
以小乘法彼自无創勿傷之也欲行大道莫
示小徑无以大海內於牛跡无以日光等彼
螢火富樓那此比丘久發大乘心中忘此意

如何以小乘法而教導之我觀小乘智慧微
淺猶如盲人不能分別一切衆生根之利鈍
時維摩詰即入三昧令此比丘自識宿命曾
於五百佛所殖衆德本迴向阿耨多羅三藐
三菩提即時豁然還得本心於是諸比丘稽
首礼維摩詰足時維摩詰因爲說法於阿耨
多羅三藐三菩提不復退轉我念聲聞不觀
人根不應說法是故不任詣彼問疾
佛告摩訶迦旃延汝行詣維摩詰問疾迦旃
延白佛言世尊我不堪任詣彼問疾所以者
何憶念昔者佛爲諸比丘略說法要我即於
後敷演其義謂无常義苦義空義无我義寂
滅義時維摩詰來謂我言唯迦旃延无以生
滅心行說實相法迦旃延諸法畢竟不生不

BD00601　維摩詰所說經卷上

滅心行說實相法迦旃延諸法畢竟不生不
滅是无常義五受陰洞達空无所起是苦義
諸法究竟无所有是空義於我无我而不二
是无我義法本不然今則无滅是寂滅義說
是法時彼諸比丘心得解脫故我不任詣彼
問疾
佛告阿那律汝行詣維摩詰問疾阿那律白
佛言世尊我不堪任詣彼問疾所以者何憶
念我昔於一處經行時有梵王名曰嚴淨與
万梵俱放淨光明來詣我所稽首作礼問我
言幾何阿那律天眼所見我即荅言仁者吾
見此釋迦牟尼佛土三千大千世界如觀掌
中菴摩勒菓時維摩詰來謂我言唯阿那律
天眼所見為作相耶无作相耶假使作相則與外

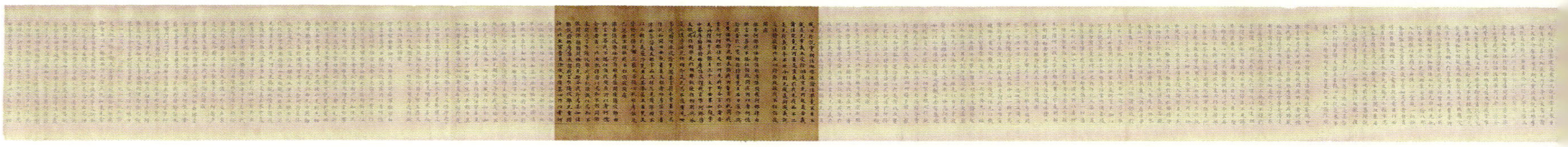

道五通等若无作相即是无為不應有見世
尊我時嘿然彼諸梵聞其言得未曾有即為
作礼而問曰世孰有真天眼者維摩詰言有
佛世尊得真天眼常在三昧悉見諸佛國不
以二相於是嚴淨梵王及其眷屬五百梵天
皆發阿耨多羅三藐三菩提心礼維摩詰足
已忽然不現故我不任詣彼問疾
佛告優波離汝行詣維摩詰問疾優波離白
佛言世尊我不堪任詣彼問疾所以者何憶
念昔者有二比丘犯律行以為恥不敢問佛
来問我言唯優波離我等犯律誠以為恥不
敢問佛願解疑悔得免斯咎我即為其如法
解說時維摩詰来謂我言唯優波離无重增
此二比丘罪當直除滅勿擾其心所以者何

此二比丘罪當直除滅勿擾其心所以者何
彼罪性不在內不在外不在中間如佛所說
心垢故衆生垢心淨故衆生淨心亦不在內
不在外不在中間如其心然罪垢亦然諸法
亦然不出於如如優波離以心相得解脫時
寧有垢不我言不也維摩詰言一切衆生心
相无垢亦復如是唯優波離妄想是垢无妄
想是淨顛倒是垢无顛倒是淨取我是垢不
取我是淨優波離一切法生滅不住如幻如
電諸法不相待乃至一念不住諸法皆妄見
如夢如炎如水中月如鏡中像以妄想生其
知此者是名奉律其知此者是名善解於是
二比丘言上智哉是優波離所不及持律之
上而不能說我答言自捨如來未有聲聞及

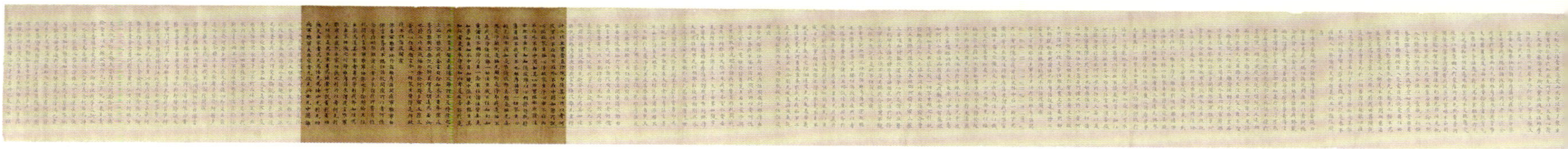

菩薩能制其樂說之辯其智慧明達爲若此
也時二比丘疑悔即除發阿耨多羅三藐三
菩提心作是願言令一切衆生皆得是辯故
我不任詣彼問疾
佛告羅睺羅汝行詣維摩詰問疾羅睺羅白
佛言世尊我不堪任詣彼問疾所以者何憶
念昔時毗耶離諸長者子來詣我所稽首作
礼問我言唯羅睺羅汝佛之子捨轉輪王位
出家爲道其出家者有何等利我即如法爲
說出家功德之利時維摩詰來謂我言唯羅
睺羅不應說出家功德之利所以者何无利
无功德是爲出家有爲法者可說有利有功
德夫出家者爲无爲法无爲法中无利无功
德羅睺羅夫出家者无彼无此亦无中間離

德羅睺羅夫出家者无彼无此亦无中間離
六十二見處於涅槃智者所受聖所行處降
伏衆魔度五道淨五眼得五力立五根不惱
於彼離衆雜惡摧諸外道超越假名出淤泥
无繫著无我所无所受无擾亂内懷喜護彼
意隨禪定離衆過若能如是是真出家於是
維摩詰語諸長者子汝等於正法中宜共出
家所以者何佛世難值諸長者子言居士我
聞佛言父母不聽不得出家維摩詰言然汝
等便發阿耨多羅三藐三菩提心即是出家
是即具足尒時三十二長者子皆發阿耨多
羅三藐三菩提心故我不任詣彼問疾
佛告阿難汝行詣維摩詰問疾阿難白佛言
世尊我不堪任詣彼問疾所以者何憶念昔

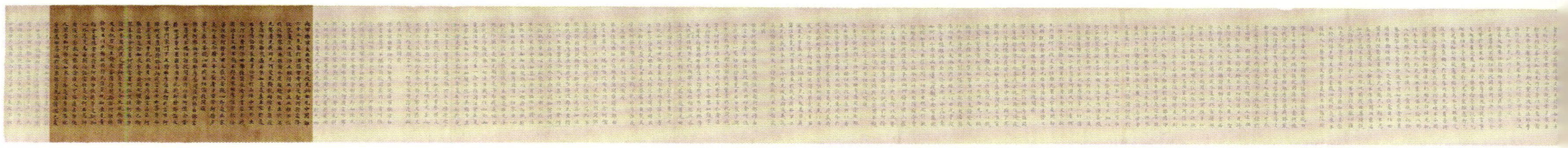

時世尊身小有疾當用牛乳我即持鉢詣大
婆羅門家門下立時維摩詰来謂我言唯阿
難何為晨朝持鉢住此我言居士世尊身小
有疾當用牛乳故来至此維摩詰言止止阿
難莫作是語如来身者金剛之體諸悪已斷
衆善普會當有何疾當有何惱嘿往阿難勿
謗如来莫使異人聞此麁言无令大威德諸
天及他方淨土諸来菩薩得聞斯語阿難轉
輪聖王以少福故尚得无病豈況如来无量
福會普勝者哉行矣阿難勿使我等受斯恥
世外道梵志若聞此語當作是念何名為師
自疾不能救而能救諸疾人可密速去勿使
人聞當知阿難諸如来身即是法身非思欲
身佛為世尊過於三界佛身无漏諸漏已盡

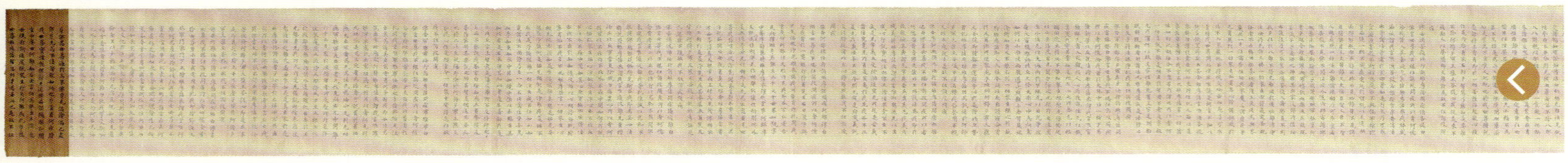

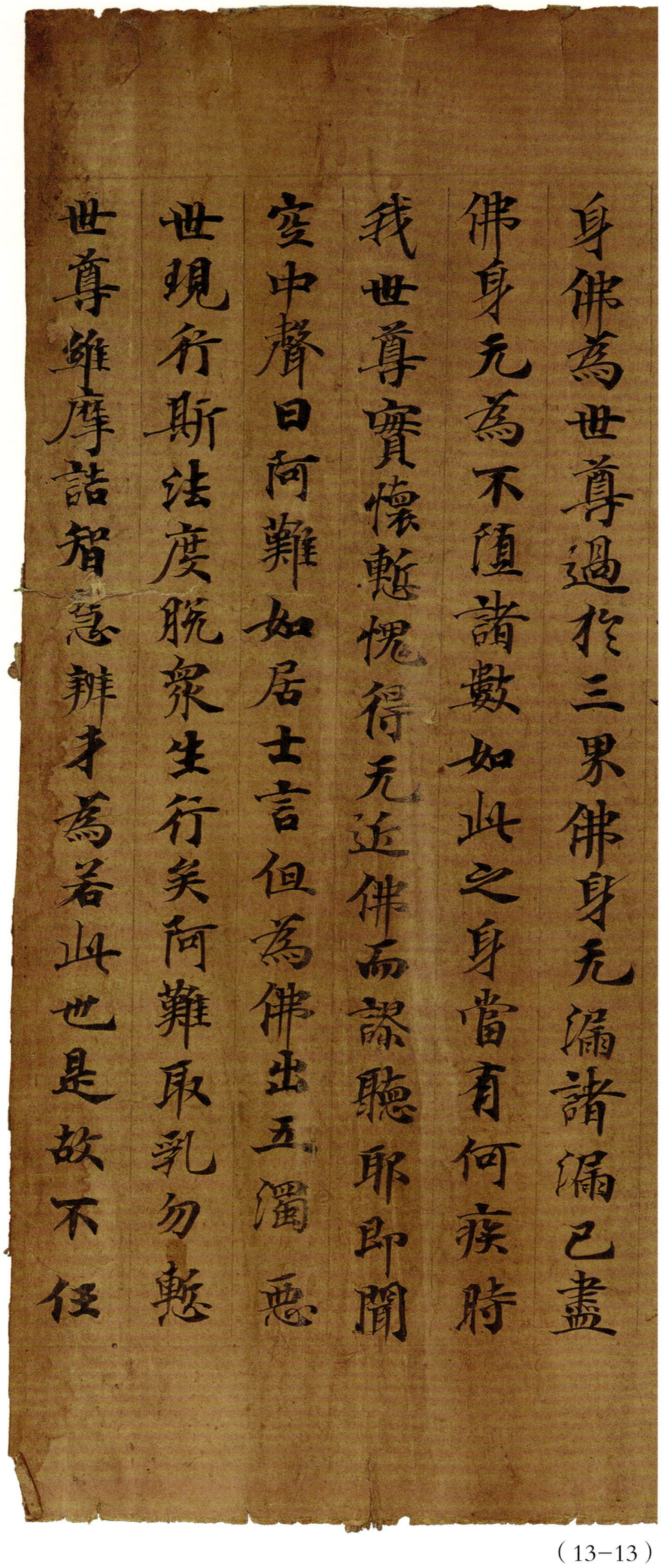

身佛為世尊過於三界佛身无漏諸漏已盡
佛身无為不墮諸數如此之身當有何疾時
我世尊實懷慙愧得无近佛而謬聽耶即聞
空中聲曰阿難如居士言但為佛出五濁惡
世現行斯法度脫衆生行矣阿難取乳勿慙
世尊維摩詰智慧辯才為若此也是故不任

BD00602

灌頂章句拔除過罪生死得度經

（東晉）帛尸梨蜜多羅 譯

187.8cm × 27.4cm

皆形恭无量怖畏
其體種種恐懼逼切其身如是
等悉令解脫无有衆難
第十一願者使我来世若有衆生
令得種種甘美飲食天諸餚饍種
以施與令身充足
第十二願者使我来世若有貧凍裸
即得衣服窮乏之者施與珍寶倉庫
所乏少一切皆受无量快樂乃至无
若使諸衆生和顏悦色形貌端嚴
琴瑟鼓吹如是无量㝡上音聲施與
量衆生是為十二微妙上願
佛告文殊師利此藥師琉璃光佛本

如是我今為汝略説其國莊嚴之
琉璃光如来國土清淨无五濁无愛
垢以白銀琉璃為地宮殿樓閣悉
如西方无量壽國无有異也有二菩
曜二名月淨是二菩薩次補佛處諸善男
子及善女人亦當願生彼國土也文殊師利白
佛言願為演説藥師琉璃光如来无量功
德饒益衆生令得佛道佛言若有善男子
善女人新破衆魔来入正道得聞我説藥師
琉璃光如来名字者魔家眷屬退散馳走如
是无量拔衆生苦我今説之
佛告文殊師利世間有人不解罪福慳貪不
知布施今世後世當得其福世人愚癡但知

BD00602 灌頂章句拔除過罪生死得度經

佛告文殊師利若[illegible]
知布施今世後世當得其福世人愚癡但知
貪惜寧自割身肉而噉食之不肯持錢財
布施求後世之福又有人身不能衣食此大慳
貪命終以後當墮地獄餓鬼畜生中聞我說
是藥師琉璃光如來名字之時无不解脫憂
苦者也皆作信心貪福畏罪人從索頭與頭
索眼與眼乞妻與妻乞子與子求金銀珎寶
皆大布施一時歡喜即發无上正真道意
佛言若復有人受佛淨戒遵奉明法不解罪
福雖知明經不及中義不能分別曉了中事
以自貢高恒常瞋憤乃與世間衆魔從事
更作縛著不解行之戀著婦女恩愛之情口

為說空行在有中不能發覺復不自知但能
論說他人是非如此人輩皆當墮三惡道中聞
我說是藥師琉璃光佛本願功德无不歡
喜念欲捨家行作沙門者也
佛言世間有人好自稱譽皆自貢高當墮
三惡道中後還為人馬牛奴婢生下賤中人
當乘其力負重而行困苦疲極亡失人身
聞我說是藥師琉璃光如來本願功德皆當
一心歡喜踊躍更作謙敬即得解脫衆苦之
患長得歡樂聰明智慧遠離惡道得生
善處與善知識共相值遇无復憂惱離諸魔
縛佛言世間愚癡人輩兩舌鬭諍惡口罵詈
更相嫌恨或就山神樹下鬼神日月之神南斗

[illegible]
更相嫉恨或就山神樹下鬼神日月之神南斗
北辰諸鬼神所作諸呪擔或作人名字或作人
形像或作符書以相厭禱呪咀言説聞我
説是藥師琉璃光佛本願功德无不兩作和解
俱生慈心惡意悉滅各各歡喜無復惡念
佛言若有四輩弟子比丘比丘尼清信士清
信女常脩月六齋歲三長齋或晝夜精勤一
心苦行願欲往生西方阿彌陁佛國者憶念
晝夜若一日二日三日四日五日六日七日或
復中悔聞我説是藥師琉璃光佛本願功
德盡其壽命欲終之日有八菩薩

跋陀和菩薩 羅隣那菩薩 憍日兜菩薩 那羅達菩薩

須弥深菩薩 摩訶伽菩薩 因坻達菩薩 和輪調菩薩
是八菩薩皆當飛往迎其精神不逕八難生蓮
華中自然音樂而相娛樂佛言假使壽命
欲盡時臨終之日得聞我說是藥師瑠璃光佛
本願功德者命終皆得上生天上不復逕歷三
惡道中天上福盡若下生人間當為帝王家
作子或生豪姓長者居士富貴家生皆當端
正聰明智慧高才勇猛若是女人化成男子
无復憂苦患難者也佛語文殊師利我稱譽
顯說藥師瑠璃光佛至真等正覺本所脩集
无量行願功德如是文殊師利從坐而起長
跪叉手白佛言世尊佛去世後當以此法開化
十方一切衆生使其受持是經典者若有善

十方一切衆生使其受持是經典者若有善
男子善女人愛樂是經受持讀誦宣通之者
復能専念若一日二日三日四日五日乃至七日憶
念不忘能以素帛書取是經五色雜綵作
囊盛之者是時當有諸天善神四天大王龍
神八部常来營衛敬此經者日日作礼持是
經者不墮横死所在安隱悪氣消滅諸魔
鬼神亦不中害佛言如是如是如汝所説文
殊師利言天尊所説言无不善
佛言文殊師利若有善男子善女人等發
心造立藥師琉璃光如来形像供養礼拜懸
雜色幡蓋燒香散華歌詠讚歎圍遶百帀還

坐本處端坐思惟念藥師琉璃光佛无量功
德若有善男子善女人七日七夜菜食長齋
供養礼拜藥師琉璃光佛求心中所願者无不
獲得求長壽得長壽求富饒得富饒求安隱
得安隱求男女得男女求官位得官位若命
過已後欲生妙樂天上者亦當礼敬藥師琉
璃光佛至真等正覺若欲上生三十三天者
亦當礼拜藥師琉璃光佛必得往生若與明
師世世相值者亦當礼敬藥師琉璃光佛

BD00603

金光明最勝王經卷二

（唐）義净 譯

505.8cm×23.7cm

何不能
何處善男子辟如
者於金處處求覓遂得金礦既得
礦已即便碎之擇取精者爐中銷鍊得清
淨金隨意迴轉作諸環釧種種嚴具雖
有諸用金性不改
復次善男子若善男子善女人求勝解脫修
行世善得見如來及弟子衆得親近已白佛
言世尊何者為善何者不善何者是修得
清淨行諸佛如來及弟子衆見彼問時如是
思惟是善男子善女人欲求清淨欲聽正法
即便為說令其開悟彼既聞已正念憶持發
心參行勇精進力除懶墮障滅一切罪於諸學處

離不尊重息掉悔心入於初地依初地心除
利有情障得入二地於此地中除不逼惱障
入於三地於此地中除心軟淨障入於四地
於此地中除善方便障入於五地於此地中除
見真俗障入於六地於此地中除見行相障
入於七地於此地中除不見滅相障入於八地
於此地中除不見生相障入於九地於此地
中除六通障入於十地於此地中除所知障
除根本心入如来地如来地者由三淨故名
極清淨云何為三一者煩惱淨二者苦
淨三者相淨譬如真金鎔銷冶鍊既燒打
已無復塵垢為顯金性本清淨故金體清淨
非謂無金譬如濁水澄停清淨無復滓穢為
顯水性本清淨故非謂無水如是法身與煩惱
雜苦集除已無復餘習為顯佛性本清淨故

BD00603　金光明最勝王經卷二

非謂無金譬如[illegible]
顯水性本清淨故非謂無水如是法身與煩惱
雜苦集除已無復餘習爲顯佛性本清淨故
非謂無體譬如虛空烟雲塵霧之所障蔽若
除屏已是空界淨非謂無空如是法身一切
衆苦悉皆盡故説爲清淨非謂無體譬如
有人於睡夢中見大河水漂泛其身運手動
足截流而渡得至彼岸由彼身心不懈退故
從夢覺已不見有水彼此岸別非謂無心生
死妄想既滅盡已是覺清淨非謂無覺如是
法界一切妄想不復生故説爲清淨非是諸
佛無其實體
復次善男子是法身者惑障清淨能現應身
業障清淨能現化身智障清淨能現法身譬
如依空出電依電出光如是依法身故能現應

身依應身故能現化身由性清淨故能現法身
智慧清淨能現應身三昧清淨能現化身
此三清淨是法如如不異如如一味如如解脫
如如究竟如如是故諸佛體無有異善男子
若有善男子善女人說於如來是我大師
若作如是決定信者此人即應深心解了如
來之身無有別異善男子以是義故於諸境
界不正思惟悉皆除斷即知彼法無有二相
亦無分別聖所修行如如於彼無有二相正修
行故如是如是一切諸障悉皆除滅如如一切
障滅如是如是法如如如如智得最清淨
如如法界正智清淨如是如是一切自在具
足攝受皆得成就一切諸障悉皆除滅一切
諸障得清淨故是名真如正智真實之相如

BD00603　金光明最勝王經卷二

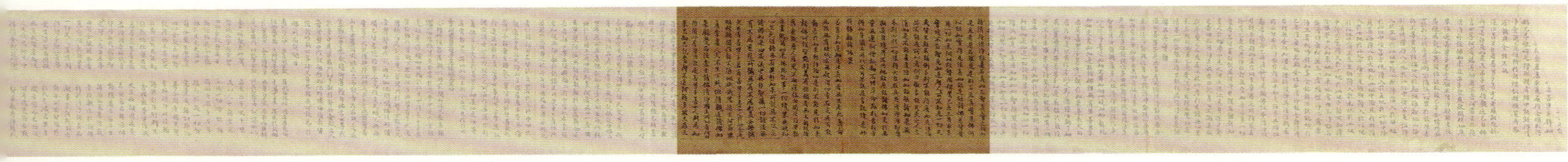

諸障得清淨故是名真如正智真實之相如
是見者是名正見是則名為真實見佛何
以故如實得見法真如故是故諸佛悉皆普
見一切如來何以故聲聞獨覺已出三界求真
實境不能智見如是聖人所不知見一切凡
夫皆生疑惑顛倒分別不能得度如兎浮海
必不能過所以者何力微劣故凡夫之人亦
復如是不能通達法如如故然諸如來無
分別心於一切法得大自在具足清淨深智慧
故是自境界不共他故是故諸佛如來於無
量無邊阿僧祇劫不惜身命難行苦行方
得此身最上無比不可思議過言說境是妙
寂靜離諸怖畏
善男子如是知見法真如者無生老死壽命

無限無有睡眠亦無飢渴心常在定無有散
動若扵如来起諍論心是則不能見扵如来
諸佛所說皆能利益有聽聞者無不解脫諸
惡禽獸惡人惡鬼不相逢值由聞法故果報
無盡然諸如来無無記事一切境界無欲知
心生死涅槃無有異想如来所說無不決定
諸佛如来四威儀中無非智攝一切諸法無
有不爲慈悲所攝無有不爲利益安樂諸
衆生者善男子若有善男子善女人扵此金光
明經聽聞信解不墮地獄餓鬼傍生阿蘇羅
道常處人天不生下賤恒得親近諸佛如
来聽受正法常生諸佛清淨國土所以者何由
得聞此甚深法故是善男子善女人則爲如
来已知已記當得不退阿耨多羅三藐三

BD00603　金光明最勝王經卷二

來已知已記當得不退阿耨多羅三藐三
菩提若善男子善女人於此甚深微妙之法一
經耳者當知是人不謗如來不毀正法不輕
賤衆一切衆生未種善根令得種故已種善
根令增長成熟故一切世界所有衆生皆
勸修行六波羅蜜多
尒時虛空藏菩薩梵釋四王諸天衆等即從
座起偏袒右肩合掌恭敬頂礼佛足白佛言
世尊若所在處講說如是金光明王微妙經
典於其國土有四種利益何者爲四一者國
王軍衆强盛無諸怨敵離於疾病壽命延
長吉祥安樂正法興顯二者中宮妃后王子諸
臣和悅無諍離於諂佞王所受重三者沙門
婆羅門及諸國人修行正法無病安樂無枉死

者於諸福田悉皆修立四者於三時中四大
調適常為諸天增加守護慈悲平等無傷
害心令諸衆生歸敬三寶皆願修習菩提之
行是為四種利益之事世尊我等亦常為弘
經故隨逐如是持經之人所在住處為作利
益佛言善哉善哉善男子如是如是汝等
應當勤心流布此妙經王則令正法久住於世

金光明最勝王經夢見懺悔品第四

尒時妙幢菩薩親於佛前聞妙法已歡喜踊
躍一心思惟還至本處於夜夢中見大金鼓
光明晃耀猶如日輪於此光中得見十方無
量諸佛於寶樹下坐瑠璃座無量百千大衆
圍繞而為說法見一婆羅門桴擊金鼓出大
音聲聲中演說微妙伽他明懺悔法妙幢

音聲聲中演說微妙伽他明懺悔法妙幢
聞已皆悉憶持繫念而住至天曉已與無
量百千大衆圍繞持諸供具出王舍城詣鷲峯
山至世尊所礼佛足已布設香花右繞三帀退
坐一面合掌恭敬瞻仰尊顔白佛言世尊我
於夢中見婆羅門以手執桴擊妙金鼓出大
音聲聲中演說微妙伽他明懺悔法我皆
憶持唯願世尊降大慈悲聽我所說即於
佛前而說頌曰
我於昨夜中　夢見大金鼓　其形極姝妙　周遍有光明
猶如盛日輪　光明皆普耀　充滿十方界　咸見於諸佛
在於寶樹下　各處瑠璃座　無量百千衆　恭敬而圍繞
有一婆羅門　以桴擊金鼓　於其鼓聲內　說此妙伽他
金光明鼓出妙聲　遍至三千大千界

能滅三塗極重罪　及以人中諸苦厄
由此金鼓聲威力　永滅一切煩惱障
斷除怖畏令安隱　譬如自在牟尼尊
佛於生死大海中　積行修成一切智
能令衆生覺品具　究竟咸歸功德海
由此金鼓出妙聲　普令聞者獲梵響
證得無上菩提果　常轉清淨妙法輪
住壽不可思議劫　隨機說法利群生
能斷煩惱衆苦流　貪瞋癡等皆除滅
若有衆生處惡趣　大火猛焰周遍身
若得聞是妙鼓音　即能離苦歸依佛
皆得成就宿命智　能憶過去百千生
悉皆正念牟尼尊　得聞如來甚深教
由聞金鼓勝妙音　常得親近於諸佛
悉能捨離諸惡業　純修清淨諸善品

由聞金鼓勝妙音　常得親近於諸佛
悉能捨離諸惡業　純修清淨諸善品
一切天人有情類　殷重至誠祈願者
得聞金鼓妙音聲　能令所求皆滿足
衆生墮在無間獄　猛火炎熾苦焚身
無有救護處輪迴　聞者能令苦除滅
人天餓鬼傍生中　所有現受諸苦難
得聞金鼓發妙響　皆蒙離苦得解脫
現在十方界　常住兩足尊　願以大悲心　哀愍憶念我
衆生無歸依　亦無有救護　為如是等類　能作大歸依
我先所作罪　極重諸惡業　今對十力前　至心皆懺悔
我不信諸佛　亦不敬尊親　不務修衆善　常造諸惡業
或自恃尊高　種姓及財位　盛年行放逸　常造諸惡業
心恒起邪念　口陳於惡言　不見於過罪　常造諸惡業

恒作愚夫行　無明闇覆心　隨順不善友　常造諸惡業
或因諸戲樂　或復懷憂惱　為貪瞋所纏　故我造惡業
親近不善人　及由慳嫉意　貧窮行諂誑　故我造惡業
雖不樂衆過　由有怖畏故　及不得自在　故我造諸惡
或為躁動心　或因瞋恚恨　及以飢渴惱　故我造諸惡
由飲食衣服　及貪愛女人　煩惱火所燒　故我造諸惡
於佛法僧衆　不生恭敬心　作如是衆罪　我今悉懺悔
於獨覺菩薩　亦無恭敬心　作如是衆罪　我今悉懺悔
無知謗小法　不孝於父母　作如是衆罪　我今悉懺悔
由愚癡憍慢　及以貪瞋力　作如是衆罪　我今悉懺悔
我於十方界　供養無數佛　當願拔衆生　令離諸苦難
願一切有情　皆令住十地　福智圓滿已　成佛導群迷
我為諸衆生　苦行百千劫　以大智慧力　皆令出苦海
我為諸含識　演說甚深經　最勝金光明　能除諸惡業

BD00603　金光明最勝王經卷二

我爲諸衆生　苦行百千劫　以大智慧力　皆令出苦海
我爲諸含識　演說甚深經　最勝金光明　能除諸惡業
若人百千劫　造諸極重罪　暫時能發露　衆惡盡消除
依此金光明　作如是懺悔　由斯能速盡　一切諸業苦
勝定百千種　不思議總持　根力覺道支　修習常無倦
我當至十地　具足珍寶處　圓滿佛功德　濟度生死流
我於諸佛海　甚深功德藏　智知難思議　皆令得具足
唯願十方佛　觀察護念我　皆以大悲心　哀受我懺悔
我於多劫中　所造諸惡業　由斯生苦惱　哀愍願消除
我造諸惡業　常生憂怖心　於四威儀中　曾無歡樂想
諸佛具大悲　能除衆生怖　願受我懺悔　令得離憂惱
我有煩惱障　及以諸報業　願以大悲水　洗濯令清淨
我先作諸罪　及現造惡業　至心皆發露　咸願得蠲除
未來諸惡業　防護令不起　設令違有者　終不敢覆藏
身三語四種　意業復有三　繫縛諸有情　無始恒相續

由斯三種行 造作十惡業 如是眾多罪 我今皆懺悔
我造諸惡業 苦報當自受 今於諸佛前 至誠皆懺悔
於此贍部洲 及他方世界 所有諸善業 今我皆隨喜
願離十惡業 修行十善道 安住十地中 常見十方佛
我以身語意 所修福智業 願以此善根 速成無上慧
我今親對十力前 發露眾多苦難事
凡愚迷惑三有難 恒造極重惡業難
我所積集欲邪難 常起貪愛流轉難
於此世間耽著難 一切愚夫煩惱難
狂心散動顛倒難 及以親近惡友難
於生死中貪染難 瞋癡闇鈍造罪難
生八無暇惡處難 未曾積集功德難
我今皆於最勝前 懺悔無邊罪惡業
我今歸依諸善逝 我禮德海無上尊

BD00603　金光明最勝王經卷二

我今歸依諸善逝　我礼德海無上尊
如大金山照十方　唯願慈悲哀攝受
身色金光淨無垢　目如清淨紺瑠璃
吉祥威德名稱尊　大悲慧日除衆闇
佛日光明常普遍　善淨無垢離諸塵
牟尼月照極清涼　能除衆生煩惱熱
三十二相遍莊嚴　八十隨好皆圓滿
福德難思無與等　如日流光照世間
色如瑠璃淨無垢　猶如滿月處虛空
妙頗梨網暎金軀　種種光明以嚴飾
於生死苦暴流內　老病憂愁水所漂
如是苦海難堪忍　佛日舒光令永竭
我今稽首一切智　三千世界希有尊
光明晃耀紫金身　種種妙好皆嚴飾

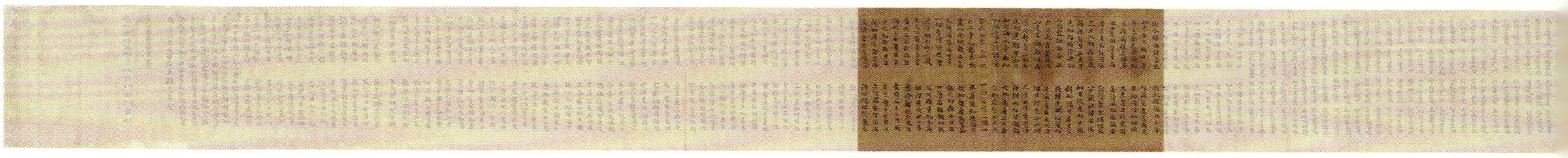

如大海水量難知　大地微塵不可數
如妙高山叵稱量　亦如虛空無有際
諸佛功德亦如是　一切有情不能知
於無量劫諦思惟　無有能知德海岸
盡此大地諸山岳　析如微塵能算知
毛端渧海尚可量　佛之功德無能數
一切有情皆共讚　世尊名稱諸功德
清淨相好妙莊嚴　不可稱量知分齊
我之所有衆善業　願得速成無上尊
廣說正法利群生　悉令解脫於衆苦
降伏大力魔軍衆　當轉無上正法輪
久住劫數難思議　充足衆生甘露味
猶如過去諸最勝　六波羅蜜皆圓滿
滅諸貪欲及瞋癡　降伏煩惱除衆苦

滅諸貪欲及瞋癡　降伏煩惱除衆苦
願我常得宿命智　能憶過去百千生
亦常憶念牟尼尊　得聞諸佛甚深法
願我以斯諸善業　奉事無邊最勝尊
遠離一切不善因　恒得修行真妙法
一切世界諸衆生　悉皆離苦得安樂
所有諸根不具足　令彼身相皆圓滿
若有衆生遭病苦　身形羸瘦無所依
咸令病苦得消除　諸根色力皆充滿
若犯王法當刑戮　衆苦逼迫生憂惱
彼受如斯極苦時　無有歸依能救護
若受鞭杖枷鎖繫　種種苦具切其身
無量百千憂惱時　逼迫身心無暫樂
皆令得免於繫縛　及以鞭杖苦楚事

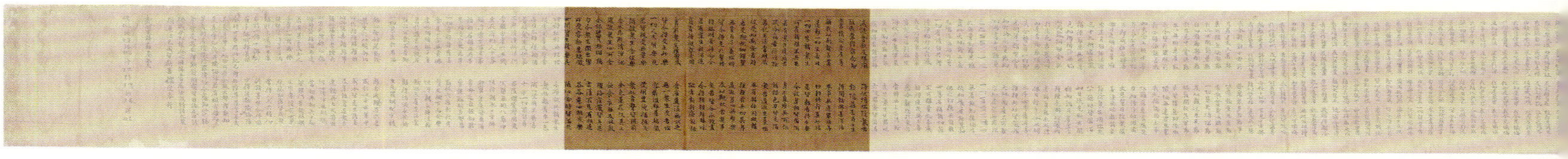

持臨刑者得命全　衆苦皆令永除盡
若有衆生飢渴逼　令得種種殊勝味
盲者得視聾者聞　跛者能行瘂能語
貧窮衆生獲寶藏　倉庫盈溢無所乏
皆令得受上妙樂　無一衆生受苦惱
一切人天皆樂見　容儀溫雅甚端嚴
悉皆現受無量樂　受用豐饒福德具
隨彼衆生念伎樂　衆妙音聲皆現前
念水即現清涼池　金色蓮花汎其上
隨彼衆生心所念　飲食衣服及牀敷
金銀珎寶妙瑠璃　瓔珞莊嚴皆具足
勿令衆生聞惡響　亦復不見有相違
所受容貌悉端嚴　各各慈心相愛樂
世間資生諸樂具　隨心念時皆滿足

世間資生諸樂具　隨心念時皆滿足
所得珎財無厭惜　分布施與諸衆生
燒香末香及塗香　衆妙雜香非一色
每日三時從樹墮　隨心受用生歡喜
普願衆生咸供養　十方一切最勝尊
三乘清淨妙法門　菩薩獨覺聲聞衆
常願勿處於卑賤　不墮無暇八難中
生在有暇人中尊　恒得親承十方佛
願得常生富貴家　財寶倉庫皆盈滿
顏貌名稱無與等　壽命延長經劫數
悉願女人變為男　勇健聰明多智慧
一切常行菩薩道　勤修六度到彼岸
常見十方無量佛　寶王樹下而安樂
處妙瑠璃師子座　恒得親承轉法輪

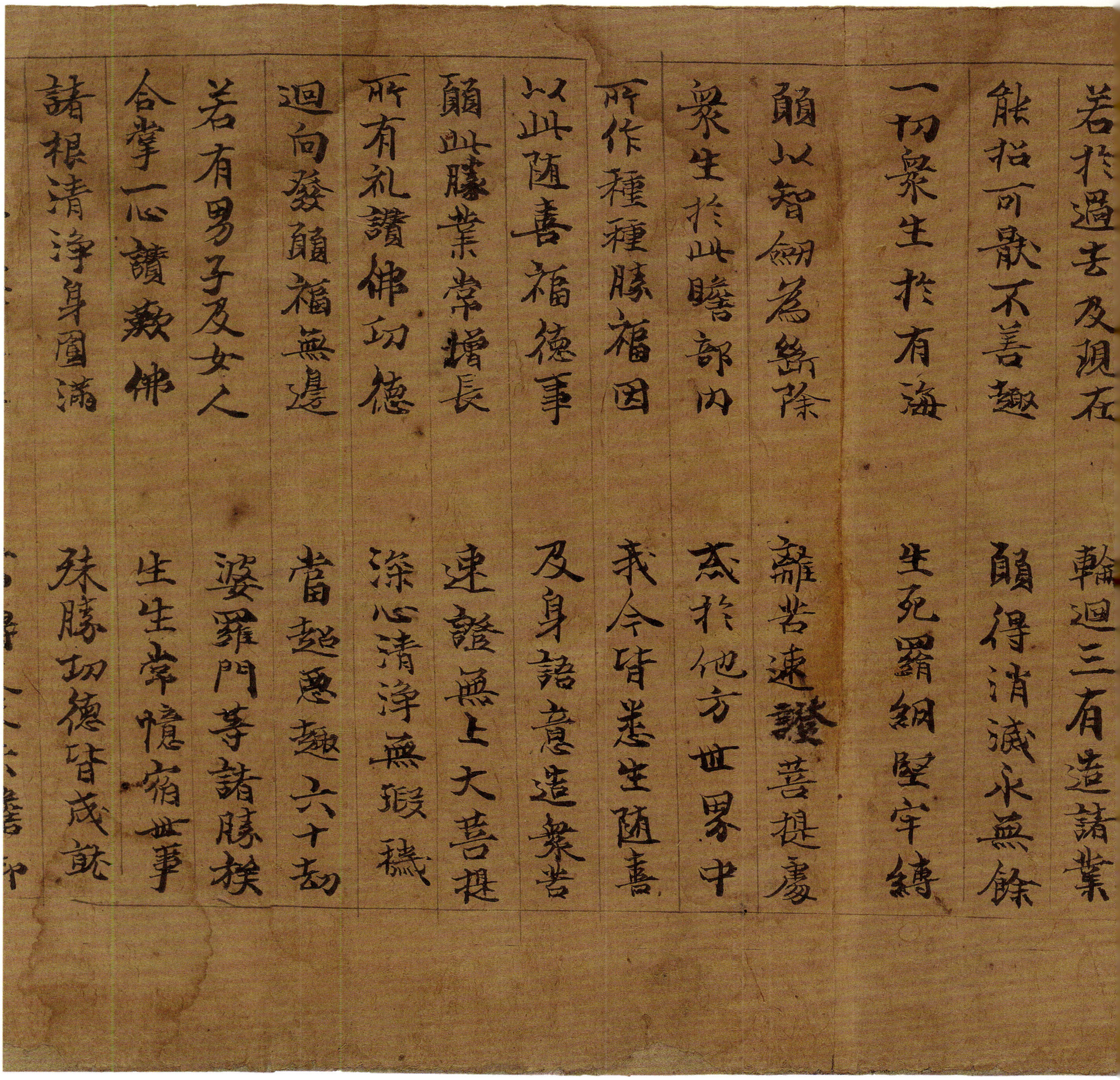

若於過去及現在　輪迴三有造諸業
能招可厭不善趣　願得消滅永無餘
一切衆生於有海　生死羂網堅牢縛
願以智劍爲斷除　離苦速證菩提處
衆生於此贍部内　或於他方世界中
所作種種勝福因　我今皆悉生隨喜
以此隨喜福德事　及身語意造衆善
願此勝業常增長　速證無上大菩提
所有禮讚佛功德　深心清淨無瑕穢
迴向發願福無邊　當超惡趣六十劫
若有男子及女人　婆羅門等諸勝族
合掌一心讚歎佛　生生常憶宿世事
諸根清淨身圓滿　殊勝功德皆成就

BD00603　金光明最勝王經卷二

合掌一心讚歎佛　生[illegible]
諸根清淨身圓滿　殊勝功德皆成就
願於未來所生處　常得人天共瞻仰
非於一佛十佛所　修諸善根今得聞
百千佛所種善根　方得聞斯懺悔法
尒時世尊聞此說已讚妙幢菩薩言善哉
善哉善男子如汝所夢金鼓出聲讚歎如
來真實功德并懺悔法若有聞者獲福甚
多廣利有情滅除罪障汝今應知此之勝
業皆是過去讚歎發願宿習因緣及由諸
佛威力加護此之因緣當為汝說時諸大衆
聞是法已咸皆歡喜信受奉行
金光明最勝王經卷第二

礦古猛　鍊見蓮　鎔欲鍾　渟大丁　捋于　霞　鎖蘇果　羂古縣

BD00603　金光明最勝王經卷二

BD00604　維摩詰所説經卷上

（後秦）鳩摩羅什　譯

110cm × 26cm

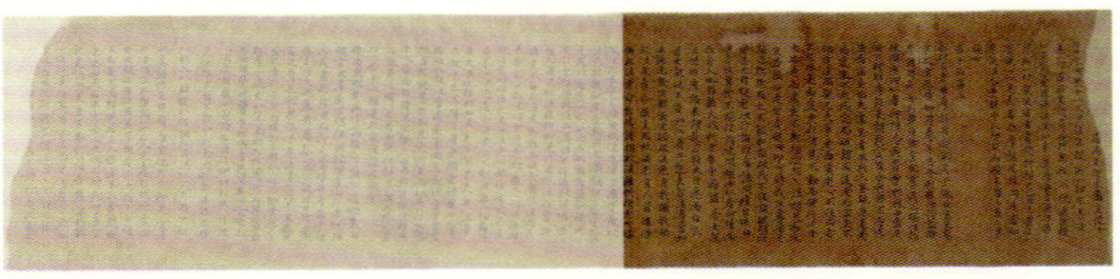

道品生從止觀生從十
力四无所畏十八不共法生從斷一切不善法
集一切善法生從真實生從不放逸生從
如是无量清淨法生如來身諸仁者欲得佛
身斷一切衆生病者當發阿耨多羅三藐三
菩提心如是長者維摩詰為諸問疾者如
應說法令无數千人皆發阿耨多羅三藐三菩
提心

弟子品第三

尒時長者維摩詰自念寢疾于牀世尊大慈
寧不垂愍佛知其意即告舍利弗汝行詣維
摩詰問疾舍利弗白佛言世尊我不堪任詣
彼問疾所以者何憶念我昔曾於林中宴坐
樹下時維摩詰來謂我言唯舍利弗不必是

坐為宴坐也夫宴坐者不於三界現身意是
為宴坐不起滅定而現諸威儀是為宴坐不
捨道法而現凡夫事是為宴坐心不住內亦
不在外是為宴坐於諸見不動而脩行三十
七品是為宴坐不斷煩惱而入涅槃是為宴
坐若能如是坐者佛所印可時我世尊聞是
語已默然而止不能加報故我不任詣彼問疾
佛告大目揵連汝行詣維摩詰問疾目連白
佛言世尊我不堪任詣彼問疾所以者何憶念
我昔入毗耶離大城於里巷中為諸居士說
法時維摩詰來謂我言唯大目連為白衣
居士說法不當如仁者所說夫說法者當如
法說无衆生離衆生垢故法无有我離我垢
故法无壽命離生死故法无有人前後際
斷故法常寂然滅諸相故法離於相无所緣

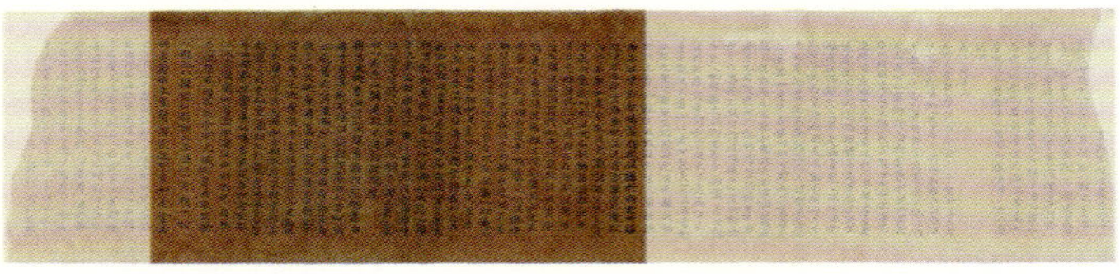

斷故法常寂然滅諸相故法離於相无所緣
故法无名字言語斷故法无有說離覺觀故
法无形相如虛空故法无戲論畢竟空故法
无我所離我所故法无分別離諸識故法无
有比无相待故法不屬因不在緣故法同法
性入諸法故法隨於如无所隨故法住實際
諸邊不動故法无動搖不依六塵故法无去
來常不住故法順空隨无相應无作法離好
醜法无增損法无生滅法无所歸法過眼耳鼻
舌身心法无高下法常住不動法離一切觀行
唯大目連法相如是豈可說乎夫說法者
无說无示其聽法者无聞无得譬如幻士
為幻人說法當建是意而為說法當了眾生
根有利鈍善於知見无所罣礙以大悲心讚
于大乘念報佛恩不斷三寶然後說法維摩

詰説是法時八百居士發阿耨多羅三藐三菩
提心我无此辯是故不任詣彼問疾
佛告大迦葉汝行詣維摩詰問疾迦葉白
佛言世尊我不堪任詣彼問疾所以者何憶
念我昔於貧里而行乞食時維摩詰來謂
我言唯大迦葉有慈悲心而不能普捨豪
富從貧乞迦葉住平等法應次行乞食為不
食故應行乞食為壞和合相故應取揣食為不受
故應受彼食以空聚想入於聚落所見色與盲
等所聞聲與響等所嗅香與風等所食味不
分別受諸觸如智證知諸法如幻相无自性
无他性本自不然今則无滅迦葉若能不捨
八邪入八解脱以邪相入正法以一食施一切
供養諸佛及衆賢聖然後可食如是食者

供養諸佛及衆賢聖然後可食如是食者
非有煩惱非離煩惱非入定意非起定意非
住世間非住涅槃其有施者无大福无小福
不爲益不爲損是爲正入佛道不依聲聞迦
葉若如是爲不空食人之施也時我世尊聞
說是語得未曾有即於一切菩薩深起敬
心復作是念斯有家名辯才智慧乃能如
是其誰不發阿耨多羅三藐三菩提心我
[illegible]辟支佛行是故我不

BD00605 妙法蓮華經卷三

（後秦）鳩摩羅什 譯

836.3cm × 25.2cm

世尊　　法難解難知尒時世尊欲重宣
此義而說偈言
破有法王　出現世間　隨衆生欲　種種說法
如來尊重　智慧深遠　久嘿斯要　不務速說
有智若聞　則能信解　无智疑悔　則為永失
是故迦葉　隨力為說　以種種緣　令得正見
譬如大雲　起於世間　遍覆一切
慧雲含潤　電光晃曜　雷聲遠振　令衆悅豫
日光掩蔽　地上清涼　靉靆垂布　如可承攬
其雨普等　四方俱下　流澍无量　率土充洽
山川嶮谷　幽邃所生　卉木藥草　大小諸樹
百穀苗稼　甘蔗蒲桃　雨之所潤　无不豐足
乾地普洽　藥木並茂　其雲所出　一味之水

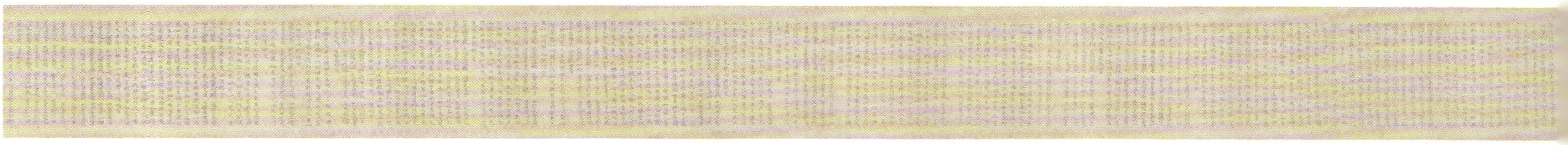

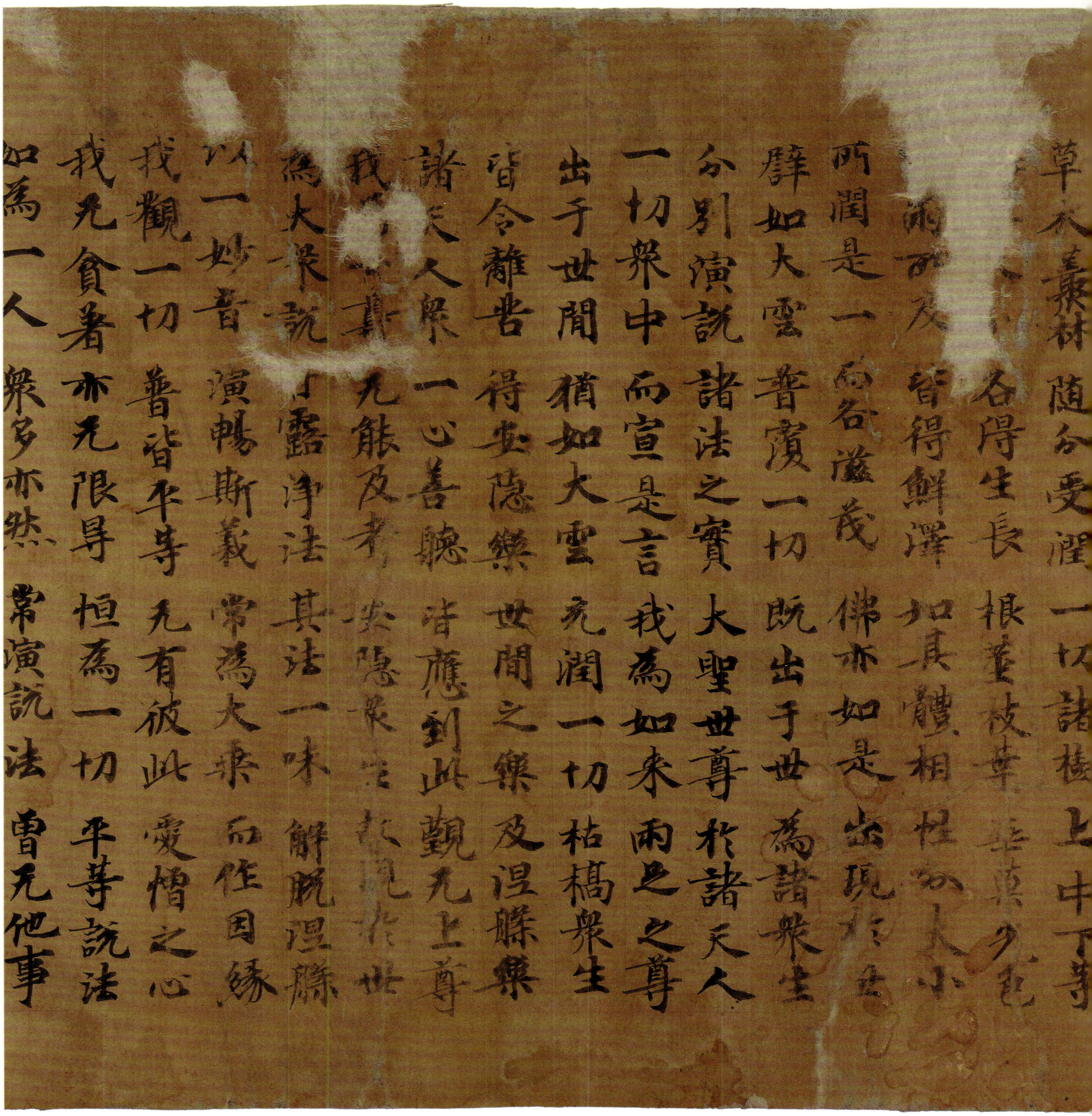

草木叢林　隨分受潤　一切諸樹　上中下等
稱其大小　各得生長　根莖枝葉　華菓光色
一雨所及　皆得鮮澤　如其體相　性分大小
所潤是一　而各滋茂　佛亦如是　出現於世
譬如大雲　普覆一切　既出于世　為諸眾生
分別演說　諸法之實　大聖世尊　於諸天人
一切眾中　而宣是言　我為如來　兩足之尊
出于世間　猶如大雲　充潤一切　枯槁眾生
皆令離苦　得安隱樂　世間之樂　及涅槃樂
諸天人眾　一心善聽　皆應到此　覲无上尊
我為世尊　无能及者　安隱眾生　故現於世
為大眾說　甘露淨法　其法一味　解脫涅槃
以一妙音　演暢斯義　常為大乘　而作因緣
我觀一切　普皆平等　无有彼此　愛憎之心
我无貪著　亦无限导　恒為一切　平等說法
如為一人　眾多亦然　常演說法　曾无他事

BD00605　妙法蓮華經卷三

我无貪著 亦无限礙 恒為一切 平等說法
如為一人 衆多亦然 常演說法 曾无他事
去來坐立 終不疲猒 充足世間 如雨普潤
貴賤上下 持戒毀戒 威儀具足 及不具足
正見邪見 利根鈍根 等雨法雨 而无懈倦
一切 聞我法者 隨力所受 住於諸地
轉輪聖王 釋梵諸王 是小藥草
得涅槃 起六神通 及得三明
常行禪定 得緣覺證 是中藥草
我常作佛 行精進定 是上藥草
專心佛道 常行慈悲 自知作佛
是名小樹 安住神通 轉不退輪
百千衆生 如是菩薩 名為大樹
如一味雨 隨衆生性 所受不同
草木 所稟各異 佛以此喻 方便開示
言辭 演說一法 於佛智慧 如海一渧

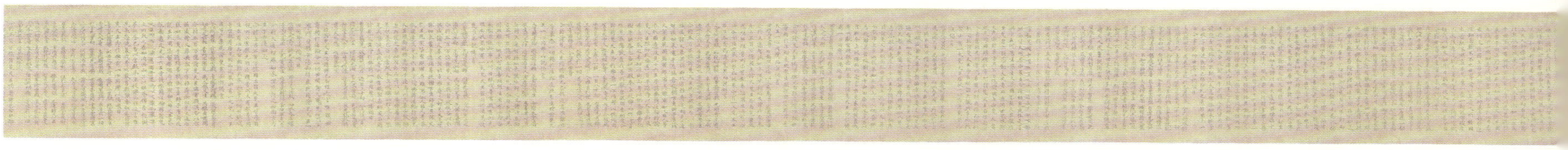

我雨法雨　充滿世間　一味之法　隨力脩行
如彼叢林　藥草諸樹　隨其大小　漸增茂好
諸佛之法　常以一味　令諸世間　普得具足
漸次脩行　皆得道果　聲聞緣覺　處於山林
住冣後身　聞法得果　是名藥草　各得增長
若諸菩薩　智慧堅固　了達三界　求冣上乘
是名小樹　而得增長　復有住禪　得神通力
聞諸法空　心大歡喜　放无數光　度諸眾生
是名大樹　而得增長　如是迦葉　佛所說法
譬如大雲　以一味雨　潤於人華　各得成實
迦葉當知　以諸因緣　種種譬喻　開示佛道
是我方便　諸佛亦然　今為汝等　說冣實事
諸聲聞眾　皆非滅度　汝等所行　是菩薩道
漸漸脩學　悉當成佛

妙法蓮華經授記品第六

漸漸修學　悉當成佛

妙法蓮華經授記品第六

尒時世尊說是偈已告諸大衆唱如是言我
此弟子摩訶迦葉於未来世當得奉覲三百
万億諸佛世尊供養恭敬尊重讚嘆廣宣諸
佛无量大法於最後身得成爲佛名曰光明
如来應供正遍知明行足善逝世間解无上
士調御丈夫天人師佛世尊國名光德劫名
大莊嚴佛壽十二小劫正法住世二十小劫
像法亦住二十小劫國界嚴飾无諸穢惡瓦
礫荊棘便利不淨其土平正无有高下坑坎
堆阜琉璃爲地寶樹行列黄金爲繩以界道
側散諸寶華周遍清淨其國菩薩无量千
億諸聲聞衆亦復无數无有魔事雖有魔及魔
民皆護佛法尒時世尊欲重宣此義而說
偈言

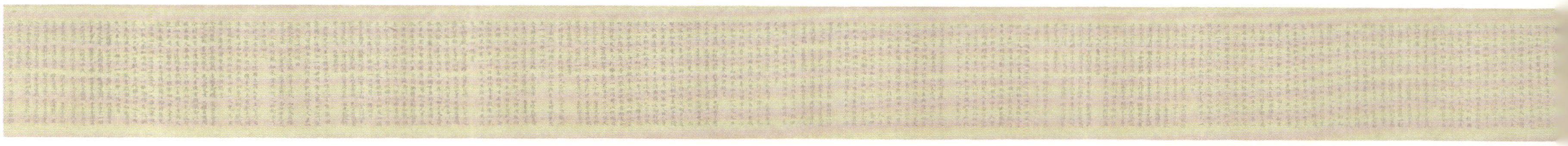

告諸比丘　我以佛眼　見是迦葉　於未來世
過无數劫　當得作佛　而於來世　供養奉覲
三百万億　諸佛世尊　為佛智慧　淨脩梵行
供養最上　二足尊已　脩集一切　无上之慧
於最後身　得成為佛　其土清淨　琉璃為地
多諸寶樹　行列道側　金繩界道　見者歡喜
常出好香　散衆名華　種種奇妙　以為莊嚴
其地平正　无有丘坑　諸菩薩衆　不可稱計
其心調柔　逮大神通　奉持諸佛　大乘經典
諸聲聞衆　无漏後身　法王之子　亦不可計
乃以天眼　不能數知　其佛當壽　十二小劫
正法住世　二十小劫　像法亦住　二十小劫
光明世尊　其事如是
尒時大目揵連須菩提摩訶迦栴延等皆悉
悚慄一心合掌瞻仰世尊目不蹔捨即共

悚慄一心合掌瞻仰世尊目不蹔捨即共
同聲而說偈言
大雄猛世尊　諸釋之法王　哀愍我等故　而賜佛音聲
若知我深心　見為授記者　如以甘露灑　除熱得清涼
如從飢國來　忽遇大王膳　心猶懷疑懼　未敢即便食
若復得王教　然後乃敢食　我等亦如是　每惟小乘過
不知當云何　得佛无上慧　雖聞佛音聲　言我等作佛
心尚懷憂懼　如未敢便食　若蒙佛授記　尒乃快安樂
大雄猛世尊　常欲安世間　願賜我等記　如飢須教食
尒時世尊知諸大弟子心之所念告諸比丘是
須菩提於當來世奉覲三百万億那由他佛
供養恭敬尊重讚歎常脩梵行具菩薩道
於冣後身得成為佛号曰名相如來應供正
遍知明行足善逝世間解无上士調御丈夫
天人師佛世尊劫名有寶國名寶生其土平

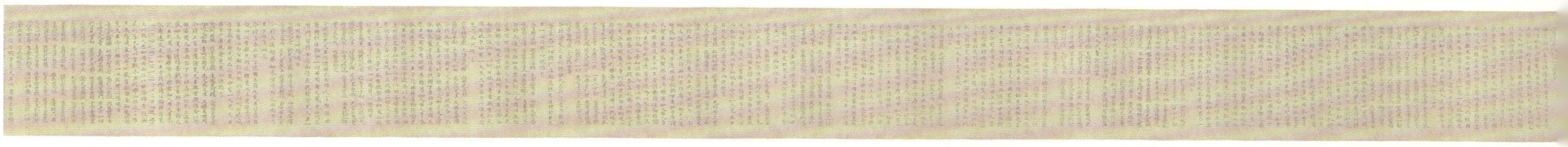

正頗梨為地寶樹莊嚴无諸丘坑沙礫荊棘
便利之穢寶華覆地周遍清淨其土人民皆
處寶臺珎妙樓閣聲聞弟子无量无邊筭數
譬喻所不能知諸菩薩衆无數千万億那由
他佛壽十二小劫正法住世二十小劫像法
亦住二十小劫其佛常處虛空為衆說法度
脫无量菩薩及聲聞衆尒時世尊欲重宣
此義而說偈言
諸比丘衆　今告汝等　皆當一心　聽我所說
我大弟子　須菩提者　當得作佛　号曰名相
當供无數　万億諸佛　隨佛所行　漸具大道
冣後身得　三十二相　端正殊妙　猶如寶山
其佛國土　嚴淨第一　衆生見者　无不愛樂
佛於其中　度无量衆　其佛法中　多諸菩薩
皆悉利根　轉不退輪　彼國常以　菩薩莊嚴

皆悉利根 轉不退輪 彼國常以 菩薩莊嚴
諸聲聞衆 不可稱數 皆得三明 具六神通
住八解脫 有大威德 其佛說法 現於无量
神通變化 不可思議 諸天人民 數如恒沙
皆共合掌 聽受佛語 其佛當壽 十二小劫
正法住世 二十小劫 像法亦住 二十小劫
尒時世尊復告諸比丘衆我今語汝是大迦
旃延於當來世以諸供具供養奉事八千億
佛恭敬尊重諸佛滅後各起塔廟高千由旬
縱廣正等五百由旬皆以金銀琉璃車𤦲馬
瑙真珠玫瑰七寶合成衆華瓔珞塗香末香
燒香繒蓋幢幡供養塔廟過是已後當復供
養二万億佛亦復如是供養是諸佛已具菩
薩道當得作佛号曰閻浮那提金光如來應
供正遍知明行足善逝世間解无上士調御

丈夫天人師佛世尊其土平正頗梨爲地寶
樹莊嚴黃金爲繩以界道側妙華覆地周遍
清淨見者歡喜无四惡道地獄餓鬼畜生阿
脩羅道多有天人諸聲聞衆及諸菩薩无量
万億莊嚴其國佛壽十二小劫正法住世二
十小劫像法亦住二十小劫尒時世尊欲重
宣此義而說偈言

諸比丘衆　皆一心聽　如我所說　真實无異
是迦旃延　當以種種　妙好供具　供養諸佛
諸佛滅後　起七寶塔　亦以華香　供養舍利
其冣後身　得佛智慧　成等正覺　國土清淨
度脫无量　万億衆生　皆爲十方　之所供養
佛之光明　无能勝者　其佛号曰　閻浮金光
菩薩聲聞　斷一切有　无量无數　莊嚴其國

尒時世尊復告大衆我今語汝是大目揵連

[illegible]无量无數[illegible]
尒時世尊復告大衆我今語汝是大目揵連
當以種種供具供養八千諸佛恭敬尊重諸
佛滅後各起塔廟高千由旬縱廣正等五百
由旬以金銀琉璃車𤦲馬瑙真珠玫瑰七寶
合成衆華瓔珞塗香末香燒香繒蓋幢幡以
用供養過是已後當復供養二百万億諸佛
亦復如是當得成佛号曰多摩羅跋栴檀香
如來應供正遍知明行足善逝世間解无上
士調御丈夫天人師佛世尊劫名喜滿國名
意樂其土平正頗梨爲地寶樹莊嚴散真珠
華周遍清淨見者歡喜多諸天人菩薩聲聞
其數无量佛壽二十四小劫正法住世四十
小劫像法亦住四十小劫尒時世尊欲重宣
此義而說偈言
我此弟子　大目揵連　捨是身已　得見八千

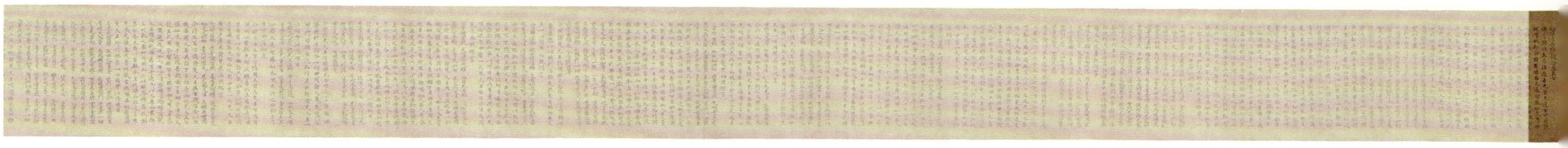

二百万億　諸佛世尊　為佛道故　供養恭敬
於諸佛所　常脩梵行　於无量劫　奉持佛法
諸佛滅後　起七寶塔　長表金刹　華香伎樂
而以供養　諸佛塔廟　漸漸具足　菩薩道已
於意樂國　而得作佛　号多摩羅　栴檀之香
其佛壽命　二十四劫　常為天人　演說佛道
聲聞无量　如恒河沙　三明六通　有大威德
菩薩无數　志固精進　於佛智慧　皆不退轉
佛滅度後　正法當住　四十小劫　像法亦尒
我諸弟子　威德具足　其數五百　皆當授記
於未來世　咸得成佛　我及汝等　宿世因緣
吾今當說　汝等善聽

妙法蓮華經化城喻品第七

佛告諸比丘乃往過去无量无邊不可思議
阿僧祇劫尒時有佛名大通智勝如來應供

阿僧祇劫尒時有佛名大通智勝如来應供
正遍知明行足善逝世間解无上士調御丈
夫天人師佛世尊其國名好成劫名大相諸
比丘彼佛滅度已来甚大久遠譬如三千大
千世界所有地種假使有人磨以爲墨過於
東方千國土乃下一點大如微塵又過千國
土復下一點如是展轉盡地種墨於汝等意
云何是諸國土若筭師若筭師弟子能得邊
際知其數不不也世尊諸比丘是人所經國
土若點不點盡末爲塵一塵一劫彼佛滅度
已来復過是數无量无邊百千万億阿僧祇
劫我以如来知見力故觀彼久遠猶若今日
尒時世尊欲重宣此義而說偈言
我念過去世 无量无邊劫 有佛兩足尊 名大通智勝
如人以力磨 三千大千土 盡此諸地種 皆悉以爲墨

過於千國土 乃下一塵點 如是展轉點 盡此諸塵墨
如是諸國土 點與不點等 復盡末為塵 一塵為一劫
此諸微塵數 其劫復過是 彼佛滅度來 如是無量劫
如來無㝵智 知彼佛滅度 及聲聞菩薩 如見今滅度
諸比丘當知 佛智淨微妙 無漏無所㝵 通達無量劫
佛告諸比丘大通智勝佛壽五百卌万億那
由他劫其佛本坐道場破魔軍已垂得阿耨
多羅三藐三菩提而諸佛法不現在前如是
一小劫乃至十小劫結加趺坐身心不動而
諸佛法猶不在前尒時忉利諸天先為彼佛
於菩提樹下敷師子座高一由旬佛於此坐
當得阿耨多羅三藐三菩提適坐此座時諸
梵天王雨衆天華面百由旬香風時來吹去
萎華更雨新者如是不絶滿十小劫供養於
佛乃至滅度常雨此華四王諸天為供養佛

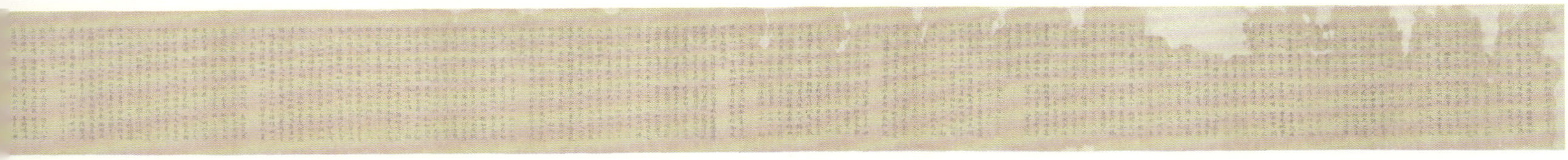

佛乃至滅度常雨此華四王諸天為供養佛
常擊天鼓其餘諸天作天伎樂滿十小劫至
于滅度亦復如是諸比丘大通智勝佛過十
小劫諸佛之法乃現在前成阿耨多羅三藐
三菩提其佛未出家時有十六王子其第一
者名曰智積諸子各有種種珍異翫好之具
聞父得成阿耨多羅三藐三菩提皆捨所珍
往詣佛所諸母涕泣而隨送之其祖轉輪聖
王與一百大臣及餘百千万億人民皆共圍
繞隨至道場咸欲親近大通智勝如來供養
恭敬尊重讚歎到已頭面礼足遶佛畢已一
心合掌瞻仰世尊以偈頌曰
大威德世尊　為度衆生故　於无量億歲　尒乃得成佛
諸願已具足　善哉吉无上　世尊甚希有　一坐十小劫
身體及手足　靜然安不動　其心常惔怕　未曾有散亂

究竟永寂滅　安住无漏法　今者見世尊　安隱成佛道
我等得善利　稱慶大歡喜　衆生常苦惱　盲冥无道師
不識苦盡道　不知求解脫　長夜增惡趣　減損諸天衆
從冥入於冥　永不聞佛名　今佛得冣上　安隱无漏道
我等及天人　為得冣大利　是故咸稽首　歸命无上尊
尒時十六王子偈讚佛已勸請世尊轉於法
輪咸作是言世尊說法多所安隱憐愍饒益
諸天人民重說偈言
世雄无等倫　百福相莊嚴　得无上智慧　願為世間說
度脫於我等　及諸衆生類　為分別顯示　令得是智慧
若我等得佛　衆生亦復然　世尊知衆生　深心之所念
亦知所行道　又知智慧力　欲樂及脩福　宿命所行業
世尊悉知已　當轉无上輪
佛告諸比丘大通智勝佛得阿耨多羅三藐
三菩提時十方各五百万億諸佛世界六種

三菩提時十方各五百万億諸佛世界六種
震動其國中間幽冥之處日月威光所不能
照而皆大明其中衆生各得相見咸作是言
此中云何忽生衆生又其國界諸天宮殿乃
至梵宮六種震動大光普照遍滿世界勝諸
天光尒時東方五百万億諸國土中梵天宮
殿光明照曜倍於常明諸梵天王各作是念
今者宮殿光明昔所未有以何因緣而現此
相是時諸梵天王即各相詣共議此事而彼
衆中有一大梵天王名救一切為諸梵衆而
說偈言
我等諸宮殿　光明昔未有　此是何因緣　宜各共求之
為大德天生　為佛出世間　而此大光明　遍照於十方
尒時五百万億國土諸梵天王與宮殿俱各
以衣裓盛諸天華共詣西方推尋是相見大

通智勝如來處于道場菩提樹下坐師子座
諸天龍王乾闥婆緊那羅摩睺羅伽人非人
等恭敬圍遶及見十六王子請佛轉法輪即
時諸梵天王頭面礼佛遶百千匝即以天華
而散佛上其所散華如須弥山并以供養佛
菩提樹其菩提樹高十由旬華供養已各以
宮殿奉上彼佛而作是言唯見哀愍饒益我
等所獻宮殿願垂納處時諸梵天王即於佛
前一心同聲以偈頌曰
世尊甚希有　難可得值遇　具無量功德　能救護一切
天人之大師　哀愍於世間　十方諸衆生　普皆蒙饒益
我等所從來　五百万億國　捨深禪定樂　為供養佛故
我等先世福　宮殿甚嚴飾　今以奉世尊　唯願哀納受
尒時諸梵天王偈讚佛已各作是言唯願世
尊轉於法輪度脫衆生開涅槃道時諸梵

尊轉於法輪度脫衆生開涅槃道時諸梵
天王一心同聲而說偈言
世雄兩足尊　唯願演說法　以大慈悲力　度苦惱衆生
尒時大通智勝如來黙然許之又諸比丘東
南方五百万億國土諸大梵王各自見宮殿
光明照曜昔所未有歡喜踊躍生希有心
即各相詣共議此事而彼衆中有一大梵天王
名曰大悲爲諸梵衆而說偈言
是事何因緣　而現如此相　我等諸宮殿　光明昔未有
爲大德天生　爲佛出世間　未曾見此相　當共一心求
過千万億土　尋光共推之　多是佛出世　度脫苦衆生
尒時五百万億諸梵天王與宮殿俱各以衣
裓盛諸天華共詣西北方推尋是相見大通
智勝如來處于道場菩提樹下坐師子座諸
天龍王乾闥婆緊那羅摩睺羅伽人非人等

恭敬圍遶及見十六王子請佛轉法輪時諸
梵天王頭面礼佛遶百千匝即以天華而散
佛上所散之華如須弥山并以供養佛菩提
樹華供養已各以宮殿奉上彼佛而作是言
唯見哀愍饒益我等所獻宮殿願垂納處尒
時諸梵天王即於佛前一心同聲以偈頌曰
聖主天中天　迦陵頻伽聲　哀愍衆生者　我等今敬礼
世尊甚希有　久遠乃一現　一百八十劫　空過无有佛
三惡道充滿　諸天衆減少　今佛出於世　為衆生作眼
世間所歸趣　救護於一切　為衆生之父　哀愍饒益者
我等宿福慶　今得值世尊
尒時諸梵天王偈讚佛已各作是言唯願世
尊哀愍一切轉於法輪度脫衆生時諸梵天
王一心同聲而說偈言
大聖轉法輪　顯示諸法相　度苦惱衆生　令得大歡喜

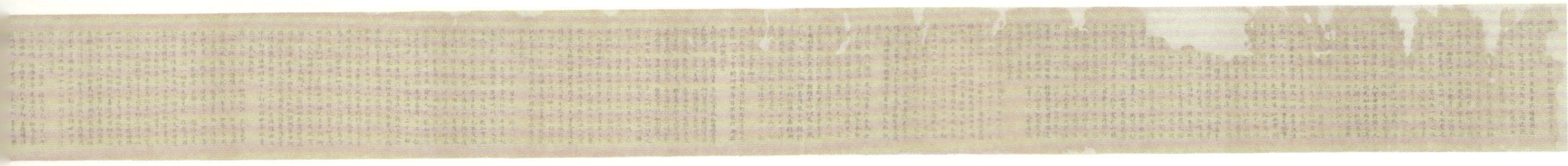

大聖轉法輪　顯示諸法相　度苦惱衆生　令得大歡喜
衆生聞是法　得道若生天　諸惡道減少　忍善者增益
尒時大通智勝如来嘿然許之又諸比丘南
方五百万億國土諸大梵王各自見宮殿光
明照曜昔所未有歡喜踊躍生希有心即各
相詣共議此事以何因緣我等宮殿有此光
曜而彼衆中有一大梵天王名曰妙法為諸
梵衆而說偈言
我等諸宮殿　光明甚威曜　此非无因緣　是相宜求之
過於百千劫　未曾見此相　為大德天生　為佛出世間
尒時五百万億諸梵天王與宮殿俱各以衣
祴盛諸天華共詣北方推尋是相見大通智
勝如来處于道場菩提樹下坐師子座諸天
龍王乾闥婆緊那羅摩睺羅伽人非人等恭
敬圍遶及見十六王子請佛轉法輪時諸梵

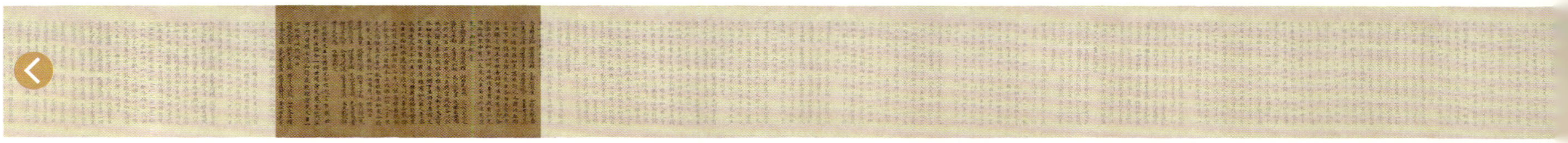

天王頭面礼佛遶百千迊即以天華而散佛
上所散之華如須弥山并以供養佛菩提樹
華供養已各以宮殿奉上彼佛而作是言唯
見哀愍饒益我等所獻宮殿願垂納處尒時
諸梵天王即於佛前一心同聲以偈頌曰

世尊甚難見　破諸煩惱者　過百三十劫　今乃得一見
諸飢渴眾生　以法雨充滿　昔所未曾覩　无量智慧者
如優曇鉢華　今日乃值遇　我等諸宮殿　蒙光故嚴飾
世尊大慈愍　唯願垂納受

尒時諸梵天王偈讚佛已各作是言唯願世
尊轉於法輪令一切世間諸天魔梵沙門婆
羅門皆獲安隱而得度脫時諸梵天王一
心同聲以偈頌曰

唯願天人尊　轉无上法輪　擊于大法鼓　而吹大法螺
普雨大法雨　度无量眾生　我等咸歸請　當演深遠音

BD00605　妙法蓮華經卷三

普雨大法雨　度无量衆生　我等咸歸請　當演深遠音
尒時大通智勝如来默然許之西南方乃
至下方亦復如是
尒時上方五百万億國土諸大梵王皆悉自
覩所止宮殿光明威曜昔所未有歡喜踊躍
生希有心即各相詣共議此事以何因緣我
等宮殿有斯光明而彼衆中有一大梵天王
名曰尸棄爲諸梵衆而説偈言
今以何因緣　我等諸宮殿　威德光明曜　嚴飾未曾有
如是之妙相　昔所不聞見　爲大德天生　爲佛出世間
尒時五百万億諸梵天王與宮殿俱各以衣
祴盛諸天華共詣下方推尋此相見大通智
勝如来處于道場菩提樹下坐師子座諸天
龍王乾闥婆緊那羅摩睺羅伽人非人等恭
敬圍遶及見十六王子請佛轉法輪時諸梵

天王頭面礼佛遶百千迊即以天華而散佛
上所散之華如須弥山并以供養佛菩提樹
華供養已各以宮殿奉上彼佛而作是言唯
見哀愍饒益我等所獻宮殿願垂納處時諸
梵天王即於佛前一心同聲以偈頌曰
善哉見諸佛　救世之聖尊　能於三界獄　勉出諸衆生
普智天人尊　哀愍群萌類　能開甘露門　廣度於一切
於昔无量劫　空過无有佛　世尊未出時　十方常闇冥
三惡道增長　阿脩羅亦盛　諸天衆轉減　死多墮惡道
不從佛聞法　常行不善事　色力及智慧　斯等皆減少
罪業因緣故　失樂及樂想　住於邪見法　不識善儀則
不蒙佛所化　常墮於惡道　佛為世間眼　久遠時乃出
哀愍諸衆生　故現於世間　超出成正覺　我等甚欣慶
及餘一切衆　喜歎未曾有　我等諸宮殿　蒙光故嚴飾
今以奉世尊　唯垂哀納受　願以此功德　普及於一切

今以奉世尊　唯垂哀納受　願以此功德　普及扵一切
我等與衆生　皆共成佛道
尒時五百万億諸梵天王偈讚佛已各白佛
言唯願世尊轉扵法輪多所安隱多所度脫
時諸梵天王而說偈言
世尊轉法輪　擊甘露法鼓　度苦惱衆生　開示涅槃道
唯願受我請　以大微妙音　哀愍而敷演　无量劫集法
尒時大通智勝如来受十方諸梵天王及十
六王子請即時三轉十二行法輪若沙門婆
羅門若天魔梵及餘世間所不能轉謂是苦
是苦集是苦滅是苦滅道及廣說十二因緣
法无明緣行行緣識識緣名色名色緣六入
六入緣觸觸緣受受緣愛愛緣取取緣有有
緣生生緣老死憂悲苦惱无明滅則行滅行
滅則識滅識滅則名色滅名色滅則六入滅

六入滅則觸滅觸滅則受滅受滅則愛滅愛
滅則取滅取滅則有滅有滅則生滅生滅則
老死憂悲苦惱滅佛於天人大眾之中說是
法時六百万億那由他人以不受一切法故
而於諸漏心得解脫皆得深妙禪定三明六
通具八解脫第二第三第四說法時千万億
恒河沙那由他等眾生亦以不受一切法故
而於諸漏心得解脫從是已後諸聲聞眾无
量无邊不可稱數尒時十六王子皆以童子
出家而為沙彌諸根通利智慧明了已曾供
養百千万億諸佛淨脩梵行求阿耨多羅三
藐三菩提俱白佛言世尊是諸无量千万億
大德聲聞皆已成就世尊亦當為我等說阿
耨多羅三藐三菩提法我等聞已皆共脩學
世尊我等志願如來知見深心所念佛自證
知尒時轉輪聖王所將眾中八万億人

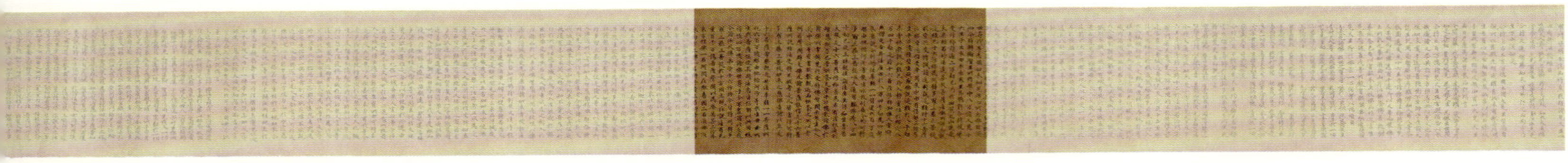

世尊我等志願如來知見深心所念佛自證
知尒時轉輪聖王所將衆中八万億人見十
六王子出家亦求出家王即聽許尒時彼佛
受沙弥請過二万劫已乃於四衆之中說是
大乘經名妙法蓮華教菩薩法佛所護念說
是經已十六沙弥為阿耨多羅三藐三菩提
故皆共受持諷誦通利說是經時十六菩薩
沙弥皆悉信受聲聞衆中亦有信解其餘衆
生千万億種皆生疑惑佛說是經於八千劫
未曾休廢說此經已即入靜室住於禪定八
万四千劫是時十六菩薩沙弥知佛入室寂
然禪定各昇法座亦於八万四千劫為四部
衆廣說分別妙法華經一一皆度六百万億
那由他恒河沙等衆生示教利喜令發阿耨
多羅三藐三菩提心大通智勝佛過八万四
千劫已從三昧起往詣法坐安詳而坐普告

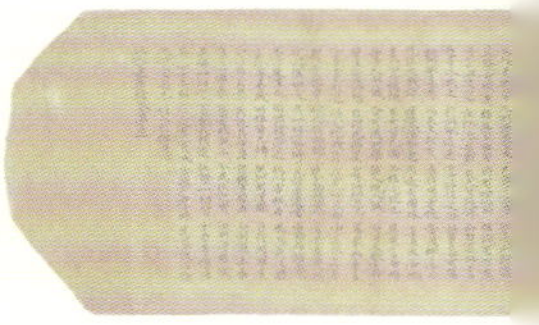

大衆是十六菩薩沙弥甚爲希有諸根通利
智慧明了已曾供養无量千万億數諸佛於
諸佛所常脩梵行受持佛智開示衆生令入
其中汝等皆當數數親近而供養之所以者
何若聲聞辟支佛及諸菩薩能信是十六菩
薩所說經法受持不毀者是人皆當得阿耨
多羅三藐三菩提如來之慧佛告諸比丘是
十六菩薩常樂說是妙法華經一一菩薩所
化六百万億那由他恒河沙等衆生世世所
生與菩薩俱從其聞法悉皆信解以此因緣
得值四万億諸佛世尊于今不盡諸比丘我
今語汝彼佛弟子十六沙弥今皆得阿耨多
羅三藐三菩提於十方國土現在說法有无
量百千万億菩薩聲聞以爲眷屬其二沙弥
東方作佛一名阿閦在歡喜國二名須弥頂

BD00605　妙法蓮華經卷三

東方作佛一名阿閦在歡喜國二名須彌頂
東南方二佛一名師子音二名師子相南方
二佛一名虛空住二名常滅西南方二佛一
名帝相二名梵相西方二佛一名阿彌陁二
名度一切世間苦惱西北方二佛一名多摩
羅跋栴檀香神通二名須彌相北方二佛一
名雲自在二名雲自在王東北方佛名壞一
切世間怖畏弟十六我釋迦牟尼佛於娑婆
國土成阿耨多羅三藐三菩提諸比丘我等
為沙彌時各各教化无量百千万億恒河沙
等衆生從我聞法為阿耨多羅三藐三菩提
此諸衆生于今有住聲聞地者我常教化阿
耨多羅三藐三菩提是諸人等應以是法漸
入佛道所以者何如来智慧難信難解尒時
所化无量恒河沙等衆生者汝等諸比丘及
我滅度後未来世中聲聞弟子是也我滅度

後復有弟子不聞是經不知不覺菩薩所行
自於所得功德生滅度想當入涅槃我於餘
國作佛更有異名是人雖生滅度之想入於
涅槃而於彼土求佛智慧得聞是經唯以佛
乘而得滅度更无餘乘除諸如來方便說法
諸比丘若如來自知涅槃時到眾又清淨信
解堅固了達空法深入禪定便集諸菩薩及
聲聞眾為說是經世間无有二乘而得滅度
唯一佛乘得滅度耳比丘當知如來方便深
入眾生之性知其志樂小法深著五欲為是
等故說於涅槃是人若聞則便信受譬如五
百由旬險難惡道曠絕无人怖畏之處若有
多眾欲過此道至珍寶處有一導師聰慧明
達善知險道通塞之相將導眾人欲過此難
所將人眾中路懈退白導師言我等疲極而
復怖畏不能復進前路猶遠今欲退還導師

BD00605 妙法蓮華經卷三

復怖畏不能復進前路猶遠今欲退還導師
多諸方便而作是念此等可愍云何捨大珎
寶而欲退還作是念已以方便力於險道中
過三百由旬化作一城告眾人言汝等勿怖
莫得退還今是大城可於中止隨意所作若
入是城快得安隱若能前至寶所亦可得去
是時疲極之眾心大歡喜歎未曾有我等今
者免斯惡道快得安隱於是眾人前入化城
生已度想生安隱想尒時導師知此人眾既
得止息無復疲倦即滅化城語眾人言汝等
去來寶處在近向者大城我所化作為止息
耳諸比丘如來亦復如是念為汝等作大導
師知諸生死煩惱惡道險難長遠應去應度
若眾生但聞一佛乘者則不欲見佛不欲親
近便作是念佛道長遠久受勤苦乃可得成
佛知是心怯弱下劣以方便力而於中道為

止息故說二涅槃若衆生住於二地如來爾
時即便爲說汝等所作未辦汝所住地近於
佛慧當觀察籌量所得涅槃非真實也但是
如來方便之力於一佛乘分別說三如彼導
師爲止息故化作大城既知息已而告之言
寶處在近此城非實我化作耳爾時世尊欲
重宣此義而說偈言

大通智勝佛　十劫坐道場　佛法不現前　不得成佛道
諸天神龍王　阿脩羅衆等　常雨於天華　以供養彼佛
諸天擊天鼓　并作衆伎樂　香風吹萎華　更雨新好者
過十小劫已　乃得成佛道　諸天及世人　心皆懷踊躍
彼佛十六子　皆與其眷屬　千万億圍遶　俱行至佛所
頭面禮佛足　而請轉法輪　聖師子法雨　充我及一切
世尊甚難值　久遠時一現　爲覺悟群生　震動於一切
東方諸世界　五百万億國　梵宮殿光曜　昔所未曾有
諸梵見此相　尋來至佛所　散華以供養　并奉上宮殿

東方諸世界　五百万億國　梵宮殿光曜　昔所未曾有
諸梵見此相　尋來至佛所　散華以供養　并奉上宮殿
請佛轉法輪　以偈而讚歎　佛知時未至　受請默然坐
三方及四維　上下亦復尒　散華奉宮殿　請佛轉法輪
世尊甚難值　願以大慈悲　廣開甘露門　轉无上法輪
无量慧世尊　受彼衆人請　為宣種種法　四諦十二緣
无明至老死　皆從生緣有　如是衆過患　汝等應當知
宣暢是法時　六百万億姟　得盡諸苦際　皆成阿羅漢
第二說法時　千万恒沙衆　於諸法不受　亦得阿羅漢
從是後得道　其數无有量　万億劫筭數　不能得其邊
時十六王子　出家作沙弥　皆共請彼佛　演說大乘法
我等及營從　皆當成佛道　願得如世尊　慧眼第一淨
佛知童子心　宿世之所行　以无量因緣　種種諸譬喻
說六波羅蜜　及諸神通事　分別真實法　菩薩所行道
說是法華經　如恒河沙偈　彼佛說經已　靜室入禪定
一心一處坐　八万四千劫　是諸沙弥等　知佛禪未出

為无量億衆　說佛无上慧　各各坐法座　說是大乘經
於佛宴寂後　宣揚助法化　一一沙弥等　所度諸衆生
有六百万億　恒河沙等衆　彼佛滅度後　是諸聞法者
在在諸佛土　常與師俱生　是十六沙弥　具足行佛道
今現在十方　各得成正覺　尒時聞法者　各在諸佛所
其有住聲聞　漸教以佛道　我在十六數　曾亦為汝說
是故以方便　引汝趣佛慧　以是本因緣　今說法華經
令汝入佛道　慎勿懷驚懼　譬如險惡道　迴絕多毒獸
又復无水草　人所怖畏處　无數千万衆　欲過此險道
其路甚曠遠　經五百由旬　時有一導師　強識有智慧
明了心決定　在險濟衆難　衆人皆疲惓　而白導師言
我等今頓乏　於此欲退還　導師作是念　此輩甚可愍
如何欲退還　而失大珍寶　尋時思方便　當設神通力
化作大城郭　莊嚴諸舍宅　周匝有園林　渠流及浴池
重門高樓閣　男女皆充滿　即作是化已　慰衆言勿懼
汝等入此城　各可隨所樂　諸人既入城　心皆大歡喜

BD00605　妙法蓮華經卷三

汝等入此城　各可隨所樂　諸人既入城　心皆大歡喜
皆生安隱想　自謂已得度　導師知息已　集衆而告言
汝等當前進　此是化城耳　我見汝疲極　中道欲退還
故以方便力　權化作此城　汝今勤精進　當共至寶所
我亦復如是　為一切導師　見諸求道者　中路而懈廢
不能度生死　煩惱諸險道　故以方便力　為息說涅槃
言汝等苦滅　所作皆已辦　既知到涅槃　皆得阿羅漢
爾乃集大衆　為說真實法　諸佛方便力　分別說三乘
唯有一佛乘　息處故說二　今為汝說實　汝所得非滅
為佛一切智　當發大精進　汝證一切智　十力等佛法
具三十二相　乃是真實滅　諸佛之導師　為息說涅槃
既知是息已　引入於佛慧

妙法蓮華經卷第三

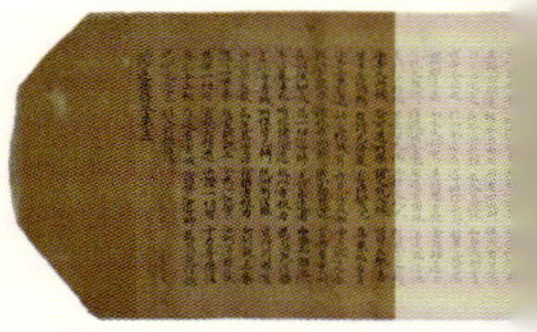

BD00606 陀羅尼鈔（擬）

158.3cm×27.1cm

七俱胝呪　那莫颯哆南　三藐三勃陀　俱胝南
怛姪他　唵　左隸　祖隸　准泥　莎婆訶
佛頂尊勝陀羅尼
南謨薄誐嚩諦　怛嚟路枳也鉢囉底　尾室瑟
吒沒馱野　薄誐嚩諦　怛你也他　唵　徽詔馱野
糝麼糝閦多　嚩麼娑　塞頗囉拏　蘖底虐
訶曩　娑嚩麼嚩徽述逸罨鼻詵者覩䔍
素蘖路嚩囉嚩插郎　沒嚟多鼻曬罽阿喝
囉喝囉　揄散馱囉昵　詔馱野詔馱野
誐蘖　曩尾述逸　欝瑟尼沙徽惹野　尾秫

逸素、賀、薩囉嚕審聃沼祢諦　薩縛怛他薩孚
多地瑟侘那　地瑟恥跢麼訶没妲㮈、
野僧荷冄囊徵式逸　薩縛薛、囉拏尾術㥾
鉢囉底　你栿跢夜揄述逸　糝麼耶地瑟恥諦
蒲你摩蒲你　怛他多慕跢高胝鉢哩式逸
庵塞普吒　勃地述題　惹野惹野　徵惹野
庵惹野　私麼囉　思麼囉　薩縛没馱　地瑟
恥跢　述逸縛尒[illegible]日羅
麼麼　薩縛薩埵難者歌野　薩孚薛縛日豐磨蔚、覩
薩那　薩縛薩孚底撥哩棶、地姶者薩縛妲他薩孚

BD00606　陀羅尼鈔（擬）

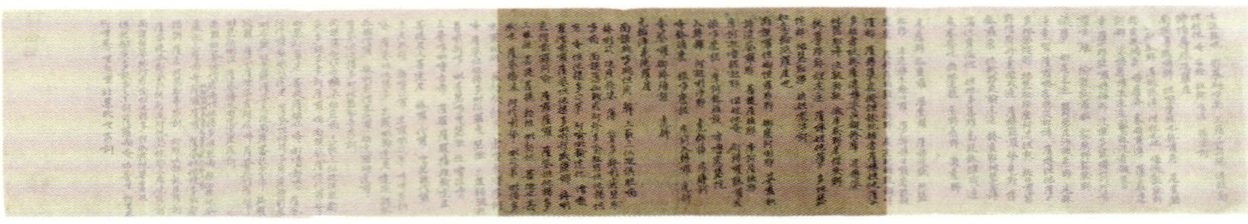

[illegible]
薩耶　薩縛薩孥底撥韈秣地始者薩縛怛他薩孥
多始者謎糝摩溼縛娑演覩糝摩　溼縛娑
地瑟恥諦　沒馱渤馱　徽尾馱野尾帽馱野
糝暮䟦鉢　韈述逸　薩嚩怛他薩孥　多地瑟
侘耶　地瑟恥䟦　姥怛㗚沙訶
如意輪陁羅尼呪
南謨囉怛娜怛囉耶野　娜麼阿唎耶　婆盧枳
諦溼婆囉耶　菩提薩埵耶　摩訶薩埵耶
摩訶迦嚕柅迦耶　怛姪他唵　斫羯囉韈底
振哆麼柅　摩訶鉢頭謎　嚕嚕底瑟侘
入縛攞　阿迦唎沙野　虎𤙖泮　莎縛訶

唵鉢頭麼 振哆麼抳 摩訶入縛囉 虎𤙖
唵娑囉娜鉢頭謎 虎𤙖
无垢淨光陁羅尼
南謨颯哆颯怛底 擗 三藐三仏陁俱胝喃
鉢喇式 陁摩㮋婆 薄 質多鉢喇底瑟恥
哆喃 南謨薄伽跋底阿弥多喻敕寫怛他揭怛
寫 唵 怛他揭多式苐 阿喻毗輸達你 僧嗷
囉僧嗷囉薩婆怛他揭多毗喇耶跋㵩娜 鉢喇
底僧嗷囉阿喻 薩囉薩囉 薩婆怛他揭多
三昧䣝 菩提菩提 勃地勃地 菩陁也菩
馱也 薩婆播波 阿伐喇拏 毗式苐 毗揭多

馱也　薩婆播波　阿代喇𠺕　毗弍第　毗揭多
末羅颯䭾　蘇勑馱勑第　虎嚕虎嚕　莎訶
唵　薩婆怛他揭多毗補羅曳　瑟撥　末尼羯謨迦
昌喇折哆　毗菩瑟哆曳瑟撥　杜嚕杜嚕
三昦哆毗嚕吉帝　薩羅薩羅播跋輸達尼
菩提尼三菩達尼　鉢囉代囉　曳瑟撥代囉
末尼毗揩　鶻嚕心囉　末囉毗弍第　吽吽莎訶
唵　薩婆怛他揭多　末羅毗輸達尼　健陁鞞黎
鉢娜代囉　鉢喇底僧塞迦囉　珊達囉珊達囉
薩婆怛他揭多阿地瑟耻帝莎訶
南謨薄伽代帝薩婆納底喃　三藐三佛陁俱胝那

庚多設多𡀩訶薩囉喃 南謨婆薩付代囉婷
毗瑟紉阜尼 菩提薩埵也 唵 都嚕都嚕 薩婆
阿代囉婷毗戌達尼 薩婆怛他揭多麽庚播剌尼
毗布麗 昵卄麗薩婆悉隨南麽塞訖栗帝 跋羅
跋羅 薩婆薩埵婆盧羯尼 吽 薩婆尼代羅婷
毗瑟紉毗涅 薩婆播波毗燒達尼莎訶
南謨納婆納代底喃怛他揭多俱胝喃 㖿伽楪地婆
盧迦三摩喃 唵 薩囉薩囉 薩婆怛他揭多馱都
毗補麗毗末麗鉢羅代蘗麗市那代囉麗
揭鞞 薩底 地瑟耻帝莎訶 阿耶吐都飯尼莎訶
薩婆提婆耶婆訶彌 勃陁阿地瑟侘那三摩也莎訶
南謨納婆納代底喃怛他揭多 㖿伽楪地婆盧迦

BD00606 陀羅尼鈔（擬）

南謨納婆納代底南怛他揭多殑伽捺地婆盧迦
俱胝那庾多設多索訶薩囉喃唵怫普哩折里尼
折哩慕哩忽哩社邏跋哩莎訶

BD00607 金剛般若波羅蜜經

（後秦）鳩摩羅什 譯

361cm × 25cm

於意云何如来有所說法不須菩提白佛言
世尊如来无所說須菩提於意云何三千大
千世界所有微塵是為多不須菩提言甚多
世尊須菩提諸微塵如来說非微塵是名微
塵如来說世界非世界是名世界須菩提於
意云何可以三十二相見如来不不也世尊
不可以三十二相得見如来何以故如来說
三十二相即是非相是名三十二相須菩提
若有善男子善女人以恒河沙等身命布施
若復有人於此經中乃至受持四句偈等
為他人說其福甚多
尒時須菩提聞說是經深解義趣涕淚悲泣
而白佛言希有世尊佛說如是甚深經典我
從昔来所得慧眼未曾得聞如是之經世尊

若復有人得聞是經信心清淨則生實相當
知是人成就第一希有功德世尊是實相者
則是非相是故如來說名實相世尊我今得
聞如是經典信解受持不足為難若當來世
後五百歲其有眾生得聞是經信解受持是
人則為第一希有何以故此人无我相人相眾
生相壽者相所以者何我相即是非相人相
眾生相壽者相即是非相何以故離一切諸
相則名諸佛
佛告須菩提如是如是若復有人得聞是經
不驚不怖不畏當知是人甚為希有何以故
須菩提如來說第一波羅蜜非第一波羅蜜
是名第一波羅蜜
須菩提忍辱波羅蜜如來說非忍辱波羅蜜

須菩提忍辱波羅蜜如来説非忍辱波羅蜜
何以故須菩提如我昔為歌利王割截身體
我於尒時无我相无人相无衆相无壽者
相何以故我於往昔節節支解時若有我相
人相衆生相壽者相應生瞋恨須菩提又念
過去於五百世作忍辱仙人於尒所世无我
相无人相无衆生相无壽者相是故須菩提
菩薩應離一切相發阿耨多羅三藐三菩提
心不應住色生心不應住聲香味觸法生心
應生无所住心若心有住則為非住是故佛
説菩薩心不應住色布施須菩提菩薩為利
益一切衆生應如是布施如来説一切諸相
即是非相又説一切衆生則非衆生須菩提
如来是真語者實語者如語者不誑語者不

異語者須菩提如来所得法此法无實无虚
須菩提若菩薩心住於法而行布施如人入
闇則无所見若菩薩心不住法而行布施如
人有目日光明照見種種色須菩提當来之
世若有善男子善女人能於此經受持讀誦
則為如来以佛智慧悉知是人悉見是人皆
得成就无量无邊功德
須菩提若有善男子善女人初日分以恒河
沙等身布施中日分復以恒河沙等身布施
後日分亦以恒河沙等身布施如是无量百
千萬億劫以身布施若復有人聞此經典信
心不逆其福勝彼何况書寫受持讀誦為人
解說須菩提以要言之是經有不可思議不
可稱量无邊功德如来為發大乘者說為發
最上乘者說若有人能受持讀誦廣為人說

BD00607　金剛般若波羅蜜經

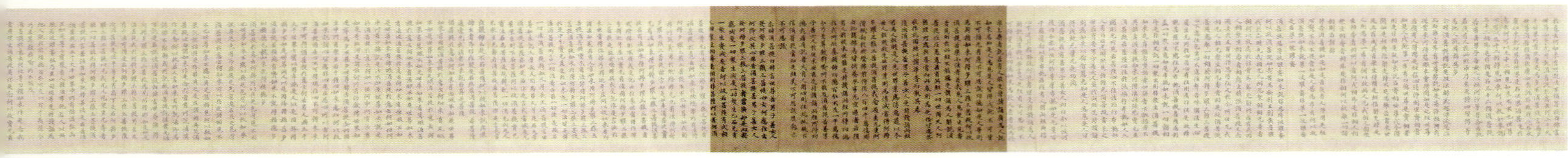

最上乘者說若有人能受持讀誦廣為人說
如來悉知是人悉見是人皆得成就不可量
不可稱无有邊不可思議功德如是人等則
為荷擔如來阿耨多羅三藐三菩提何以故
須菩提若樂小法者著我見人見衆生見壽
者見則於此經不能聽受讀誦為人解說須
菩提在在處處若有此經一切世間天人阿
脩羅所應供養當知此處則為是塔皆應恭
敬作礼圍繞以諸華香而散其處
復次須菩提善男子善女人受持讀誦此經
若為人輕賤是人先世罪業應墮惡道以今
世人輕賤故先世罪業則為消滅當得阿耨
多羅三藐三菩提須菩提我念過去无量阿
僧祇劫於然燈佛前得值八百四千萬億那

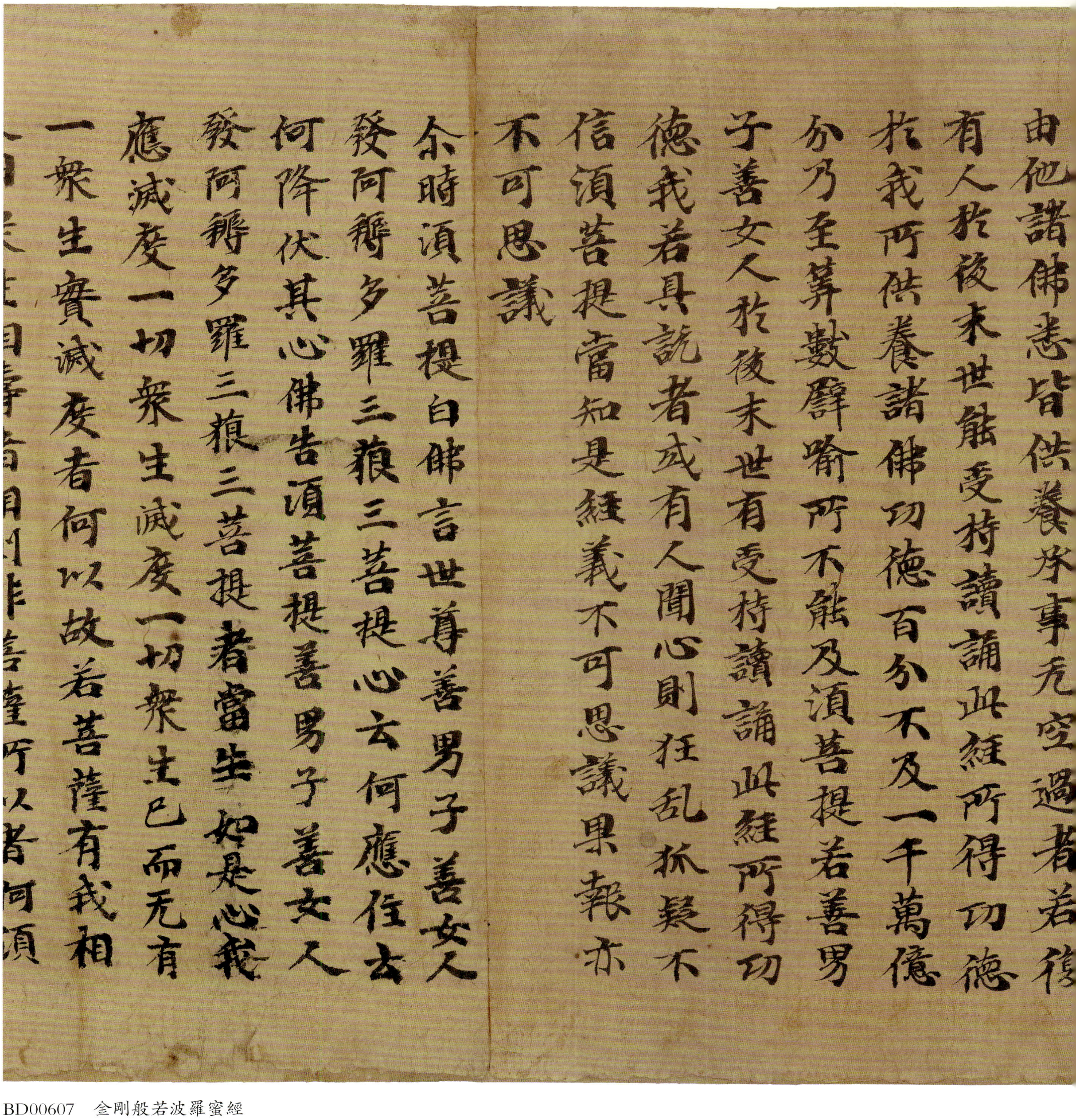

由他諸佛悉皆供養承事无空過者若復
有人於後末世能受持讀誦此經所得功德
於我所供養諸佛功德百分不及一千萬億
分乃至筭數譬喻所不能及須菩提若善男
子善女人於後末世有受持讀誦此經所得功
德我若具說者或有人聞心則狂乱狐疑不
信須菩提當知是經義不可思議果報亦
不可思議
尒時須菩提白佛言世尊善男子善女人
發阿耨多羅三藐三菩提心云何應住云
何降伏其心佛告須菩提善男子善女人
發阿耨多羅三藐三菩提者當生如是心我
應滅度一切衆生滅度一切衆生已而无有
一衆生實滅度者何以故若菩薩有我相
人相衆生相壽者相則非菩薩所以者何須

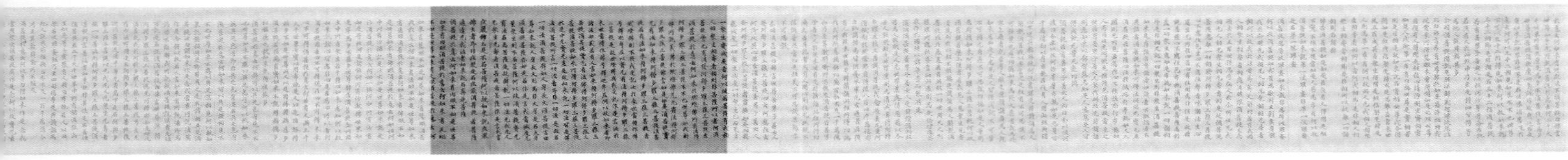

一衆生實滅度者何以故若菩薩有我相
人相衆生相壽者相則非菩薩所以者何須
菩提實无有法發阿耨多羅三藐三菩提者
須菩提於意云何如来於然燈佛所有法得
阿耨多羅三藐三菩提不不也世尊如我解
佛所説義佛於然燈佛无无有法得阿耨
多羅三藐三菩提佛言如是如是須菩提實
无有法如来得阿耨多羅三藐三菩提須菩
提若有法如来得阿耨多羅三藐三菩提者
然燈佛則不與我受記汝於来世當得作佛
号釋迦牟尼以實无有法得阿耨多羅三藐
三菩提是故然燈佛與我受記作是言汝於
来世當得作佛号釋迦牟尼何以故如来者即
諸法如義若有人言如来得阿耨多羅三藐三
菩提須菩提實无有法佛得阿耨多羅三藐三

菩提須菩提如来所得阿耨多羅三藐三菩提
於是中无實无虚是故如来說一切法皆是佛
法須菩提所言一切法者即非一切法是故名
一切法須菩提譬如人身長大須菩提言世
尊如来說人身長大則為非大身是名大身
須菩提菩薩亦如是若作是言我當滅度无
量衆生則不名菩薩何以故須菩提實无
有法名為菩薩是故佛說一切法无我无人
无衆生无壽者須菩提若菩薩作是言我當
莊嚴佛土是不名菩薩何以故如来說莊嚴
佛土者即非莊嚴是名莊嚴須菩提若菩薩
通達无我法者如来說名真是菩薩
須菩提於意云何如来有肉眼不如是世尊
如来有肉眼須菩提於意云何如来有天眼

BD00607　金剛般若波羅蜜經

如来有肉眼須菩提於意云何如来有天眼
不如是世尊如来有天眼須菩提於意云何
如来有慧眼不如是世尊如来有慧眼須菩
提於意云何如来有法眼不如是世尊如来
有法眼須菩提於意云何如来有佛眼不如
是世尊如来有佛眼須菩提於意云何如恒河
中所有沙佛說是沙不如是世尊如来說是
沙須菩提於意云何如一恒河中所有沙有
如是等恒河是諸恒河所有沙數佛世界如
是寧為多不甚多世尊佛告須菩提尒所國
土中所有衆生若干種心如来悉知何以故
如来說諸心皆為非心是名為心所以者何
須菩提過去心不可得現在心不可得未来
心不可得須菩提於意云何若有人滿三千

大千世界七寶以用布施是人以是因緣得
福多不如是世尊此人以是因緣得福甚多
須菩提若福德有實如來不說得福德多
以福德无故如來說得福德多
須菩提於意云何佛可以具足色身見不不
也世尊如來不應以具足色身見何以故如來
說具足色身即非具足色身是名具足色身
須菩提於意云何如來可以具足諸相見不
不也世尊如來不應以具足諸相見何以故如
來說諸相具足即非具足是名諸相具足須
菩提汝勿謂如來作是念我當有所說法莫
作是念何以故若人言如來有所說法即為
謗佛不能解我所說故須菩提說法者无法
可說是名說法須菩提白佛言世尊佛得

BD00607　金剛般若波羅蜜經

[illegible]
可說是名說法須菩提白佛言世尊佛得
阿耨多羅三藐三菩提為无所得耶如是如是
須菩提我於阿耨多羅三藐三菩提乃至无
有少法可得是名阿耨多羅三藐三菩提復
次須菩提是法平等无有高下是名阿耨多
羅三藐三菩提以无我无人无衆生无壽者
脩一切善法則得阿耨多羅三藐三菩提須
菩提所言善法者如來說非善法是名善法
須菩提若三千大千世界中所有諸須弥山
王如是等七寶聚有人持用布施若人以此
般若波羅蜜經乃至四句偈等受持讀誦為
他人說於前福德百分不及一百千萬億分
乃至筭數譬喻所不能及
須菩提於意云何汝等勿謂如來作是念我

當度衆生須菩提莫作是念何以故實无有
衆生如来度者若有衆生如来度者如来則
有我人衆生壽者須菩提如来說有我者則
非有我而凡夫之人以為有我須菩提凡夫
者如来說則非凡夫須菩提於意云何可以
三十二相觀如来不須菩提言如是如是以三
十二相觀如来佛言須菩提若以三十二相觀
如来者轉輪聖王則是如来須菩提白佛
言世尊如我解佛所說義不應以三十二相
觀如来尒時世尊而說偈言
若以色見我　以音聲求我　是人行邪道　不能見如来
須菩提汝若作是念如来不以具足相故得
阿耨多羅三藐三菩提須菩提莫作是念如
来不以具足相故得阿耨多羅三藐三菩提
須菩提汝若作是念發阿耨多羅三藐三菩

BD00607　金剛般若波羅蜜經

来不以具足相故得阿耨多羅三藐三菩提
須菩提汝若作是念發阿耨多羅三藐三菩
提者說諸法斷滅相莫作是念何以故發阿
耨多羅三藐三菩提者於法不說斷滅相須
菩提若菩薩以滿恒河沙等世界七寶布施
若復有人知一切法无我得成於忍此菩薩
勝前菩薩所得功德須菩提以諸菩薩不受
福德故須菩提白佛言世尊云何菩薩不受
福德須菩提菩薩所作福德不應貪著是
故佛說不受福德須菩提若有人言如来若
来若去若坐若卧是人不解我所說義何以
故如来者无所從来亦无所去故名如来
須菩提若善男子善女人以三千大千世界
碎為微塵於意云何是微塵衆寧為多不
甚多世尊何以故若是微塵衆實有者佛則

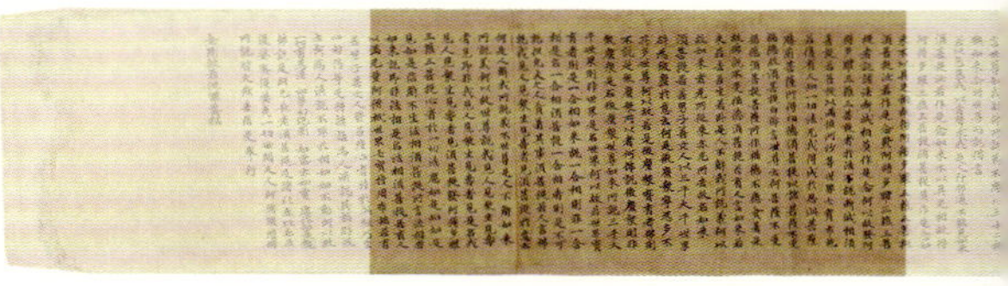

不説是微塵衆所以者何佛説微塵衆則非
微塵衆是名微塵衆世尊如来所説三千大
千世界則非世界是名世界何以故若世界實
有者則是一合相如来説一合相則非一合
相是名一合相須菩提一合相者則是不可
説但凡夫之人貪著其事須菩提若人言佛
説我見人見衆生見壽者見須菩提於意云
何是人解我所説義不世尊是人不解如来
所説義何以故世尊説我見人見衆生見壽
者見即非我見人見衆生見壽者見是名我
見人見衆生見壽者見須菩提發阿耨多羅
三藐三菩提心者於一切法應如是知如是
見如是信解不生法相須菩提所言法相者
如来説即非法相是名法相須菩提若有人
以滿无量阿僧祇世界七寶持用布施若有

如來說即非法相是名法相須菩提若有人
以滿无量阿僧祇世界七寶持用布施若有
善男子善女人發菩薩心者持於此經乃至
四句偈等受持讀誦為人演說其福勝彼
云何為人演說不取於相如如不動何以故
一切有為法　如夢幻泡影　如露亦如電　應作如是觀
佛說是經已長老須菩提及諸比丘比丘尼
優婆塞優婆夷一切世間天人阿脩羅聞佛
所說皆大歡喜信受奉行

金剛波若波羅蜜經

BD00607　金剛般若波羅蜜經

圖書在版編目（CIP）數據

中國國家圖書館藏敦煌文獻．第四一册／中國國家圖書館編．—北京：國家圖書館出版社，2024.12

ISBN 978-7-5013-7964-4

Ⅰ．①中… Ⅱ．①中… Ⅲ．①敦煌學—文獻 Ⅳ．①K870.6

中國國家版本館 CIP 數據核字（2024）第 036575 號

書　　名	中國國家圖書館藏敦煌文獻·第四一册
著　　者	中國國家圖書館　編
項目統籌	魏　崇　殷夢霞
責任編輯	程魯潔　潘　竹　黄　鑫　苗文葉
責任校對	王　哲
出版發行	國家圖書館出版社（北京市西城區文津街 7 號　100034） （原書目文獻出版社　北京圖書館出版社） 010-66114536　63802249　nlcpress@nlc.cn（郵購）
網　　址	http://www.nlcpress.com
排版印裝	天津裕同印刷有限公司
版次印次	2024 年 12 月第 1 版　2024 年 12 月第 1 次印刷
開　　本	787 × 1092　1/8
印　　張	39.5
書　　號	ISBN 978-7-5013-7964-4
定　　價	2800.00 圓

版權所有　侵權必究

本書如有印裝質量問題，請與讀者服務部（010-66126156）聯繫調換。